弁護士業務レベルアップのための
法律事務職員雇用・活用

東京弁護士会弁護士業務改革委員会　編著

東京法令出版

はじめに

　本書は、1998（平成10）年3月に発行したものの改訂版です。まだ、発行後4年しかたっていないのですが、この間の社会の動きは労働法制の改正に限らず大きなものがありました。コンピュータ化の流れは加速し、弁護士事務所も弁護士数100名を超える事務所が現れるなど事務所の規模が大きくなる傾向にあります。一方で、司法改革も現実化しつつあり、法律事務所のあり方を変えなくてはならないという状況がおし迫っています。

　しかし、大部分の事務所では、弁護士が経営者であると意識している人自体が少ないのではないでしょうか。小規模事務所では、このような意識をしないことが長所である場合がありますが、反対に短所である場合もあります。業務改革委員会では、事務所の変革を求められている現在、事務所の発展、弁護士の事務処理の効率化には、事務職員の能力は欠くことのできない要素であることを重要視し、その雇用関係に関するポイントを集め、まずは、これから事務所の独立を考えている人を含め経営者弁護士に読んでいただきたい内容を盛り込み本書を作成しました。

　今後も、皆様の要望を反映した手引になるよう努力をしたいと思います。本書が、事務職員との協力関係によい影響を与え、事務所の発展に寄与することを願っております。

2002年2月

東京弁護士会弁護士業務改革委員会
委員長　佐瀬正俊

発行に当たって
── 事務職員を「活用」するために ──

はじめに　なんでも自分でやるのが当たり前ですか

　法律事務所で働く事務職員には，専門的な仕事は任せられず単純な初歩的な仕事しか任せず，弁護士は専門的・非代替的業務であるから，なんでも自分でやることが当たり前とされてきたようです。それでよいのでしょうか。

　この本は，これから法律事務所を自ら開設しようと考えている弁護士の方，及び独立して間もない弁護士の方に，是非読んでいただきたい本です。

1　法律事務所にも「司法制度改革」の波が押し寄せてきます

　近年，弁護士の活動分野がひろがり，弁護士会活動はもちろん，各種相談・斡旋業務，当番弁護士・国選弁護，法律扶助活動，司法修習の指導・援助などはいうまでもなく，今後は公設法律事務所への弁護士派遣・弁護士の裁判官任官・法科大学院への講師派遣など，プロボノ活動・公共的活動への積極的参加など様々な社会的要請が強まりいっそう拡がろうとしています。

　また，弁護士業務の複雑化・専門化のなかで弁護士事務所の共同化も従来になく進展しつつあり，同時に高齢になって一線を退く弁護士の法律事務所承継問題も顕在化し，これらを背景にして弁護士事務所の法人化も昨年法制化され，今年4月から実施されることとなりました。

　さて，昨年6月12日，「司法制度改革審議会」が最終報告を内閣に提出し，2004年までの3年間で，司法の各分野において，様々な画期的な改革が立法化され実施されていくことになりました。

　その中心的課題の一つである法曹人口を拡大するため，2004年法科大学院開講，2005年新司法試験実施，2010年頃には司法試験合格者を3,000人規模にするといわれています。その結果，法曹人口は2018年頃には約5万人と倍以上に増えることがシュミレーションされています。

　しかも，増加する法曹の大部分が，弁護士となることは必然です。その時代には，企業法務として企業に雇用される弁護士，国や地方公共団体に勤務する弁護士などが増加するとともに，弁護士から裁判官

に任官することが普通のこととして制度的にも確立しているなど，弁護士を巡る状況も大幅に変化するでしょう。同時に，法律事務所間でも市場原理に基づく競争の激化が予想されます。

このような状況の中で，現在大部分を占める弁護士が1人ないし3人の法律事務所も従来のままでなく，紛争解決・事件受任はもとより市民の様々なニーズに応えられるような法律事務所に「改革」することが必要となっているのではないでしょうか。

2 市民のニーズに応えるうえでも「経済的基盤」の安定を

弁護士法1条に定められている「基本的人権を擁護し，社会正義を実現する」という弁護士の使命は，今後いかなる状況に至っても変容させず維持発展させることこそ，市民からの様々なニーズに応えるうえでも，極めて重要なことではないでしょうか。

弁護士が社会的要請や市民のニーズに応えて，その使命にふさわしい業務・活動を継続していくことは，実はそう簡単ではありません。最も重要なことは，法律事務所の経済的基盤を安定させ，弁護士らしい仕事に十分に腕を振るえる，社会的要請に応えることができる職務環境を整備することが必要不可欠だという点です。法律事務所の競争が激化した時代が来れば，なおさらです。

そのため，東京弁護士会業務改革委員会として弁護士に対するアクセス障碍を取り除くこと，そのために弁護士広告を適正なものにすること，弁護士会が弁護士の専門分野など必要とされる情報を提供することなど，改革すべき事柄も多々あります。

同時に，その使命を実現することにふさわしい法律事務所を作ることが，一人ひとりの弁護士に求められていると思います。そのためにも，法律事務所の「改革」に創意工夫が必要となるでしょう。

3 コンピュータ化とともに事務職員を「活用」する政策・戦略を

法律事務所の物的「合理化」は，大変な勢いで進んでいます。コンピュータや通信制度の発展に伴い，弁護士同士・顧客・依頼者との連絡，判例検索，情報収集，会計処理，文書管理，顧客管理など多くの機械化・効率化が実現しつつあります。

しかし，意外と盲点になっているのが，人的「合理化」です。これまで，弁護士の仕事は非代替的業務といわれ，何でも自分でやるという習性が身についてはいませんか。せっかく雇用している事務職員に，

電話受付・文書発送管理・顧客接待・裁判所との連絡などごく限られた業務しか依頼していないのではないでしょうか。知識経験豊かで「安心して仕事を任せられる」事務職員がいればと思いませんか。

　近年、業務改革委員会が事務職員に実施したアンケートによれば、法律事務所に勤務しはじめた若い職員の多くが、できれば弁護士が携わっている専門的業務に関して、知識と経験を身につけ、その一定分野を担当したいと考えています。それは同時に、事務職員の生き甲斐・やり甲斐にも通じるものです。

　そのため、業務改革委員会は、すでに数年前から法律事務職員の研修制度を確立し、弁護士会館で年10回の研修会を開催し、実務経験と相まって一人ひとりが相当程度の業務知識を会得できることをめざしています。

　力説したいことは、一つひとつの法律事務所においても、事務職員を人的資産として評価し、積極的に「活用」する政策、戦略が今必要となっていることです。

　この本は、自らの法律事務所を開設し、また維持発展させ、社会的要請や市民からのニーズに応え弁護士らしい仕事をこれからも続けていきたいと願う弁護士の方々に、法律事務所の職員を「活用」するためのノウハウを提供するために出版されました。事務所職員の採用・社会保険の加入から、研修・教育の具体的内容、さらに労働条件・賃金など、事務職員の「活用」のために必要不可欠な知識・情報が盛り込まれています。是非とも、多くの方々に読んでいただき、参考にしていただければ幸いです。

目　次

　はじめに
　発行に当たって ― 事務職員を「活用」するために ―
　目　次 ……………………………………………………………… 7

第1章 募集・採用
　1. 募集方法 …………………………………………………………… 10
　2. 採用基準 …………………………………………………………… 17
　3. 履歴書の見方 ……………………………………………………… 21
　4. 面　接 ……………………………………………………………… 24
　5. 試用期間 …………………………………………………………… 26
　6. 初任給 ……………………………………………………………… 27
　7. 身元保証 …………………………………………………………… 28
　8. 雇用後の身分証明書発行について ……………………………… 29

第2章 労働・社会保険
　1. 労働保険の手続き ………………………………………………… 32
　2. 社会保険の手続き ………………………………………………… 36
　3. 事務職員が退職した場合 ………………………………………… 40
　4. 事務職員の勤務中の諸手続き …………………………………… 41
　5. 中小企業退職金共済制度（中退共） …………………………… 43
　6. 労働保険料の算出と納付 ………………………………………… 44
　7. 社会保険料の算出と納付 ………………………………………… 46
　8. 労働保険料と社会保険料の相違 ………………………………… 49

第3章 事務職員の教育・研修
　1. 教育・研修の必要性について …………………………………… 52
　2. 採用者による教育研修の違い …………………………………… 57
　3. 研修・教育の内容 ………………………………………………… 61

4. 弁護士会における研修講座 ……………………… 66
　5. 業務用語 ………………………………………… 70
　6. 研修に対する助成金制度の活用 ………………… 89
　7. パソコンの活用 ………………………………… 91

第4章 労働条件

　1. 労働条件の明確化 ……………………………… 96
　2. 労働条件の主なポイント ……………………… 99
　3. セクシャル・ハラスメント …………………… 106
　4. 賃金一時金等について ………………………… 112
　5. 雇用の終了 ……………………………………… 114
　6. 非正規労働者に関わる諸問題 ………………… 117
　7. 労働組合との対応の基本的原則 ……………… 118

資料編

　1. 東京都の社会保険事務所 ……………………… 122
　2. 東京都の労働基準監督署 ……………………… 124
　3. 東京都の公共職業安定所 ……………………… 126
　4. 雇用保険料の事務職員負担分 ………………… 128
　5. 標準報酬月額（健康保険・厚生年金保険） …… 130
　6. 法律事務所の法人化 …………………………… 132
　7. 健康保険と国民健康保険の給付内容 ………… 135
　8. 厚生年金と国民年金の給付内容 ……………… 136
　9. 2001年度基本講座 ……………………………… 139
　10. 就業規則 ……………………………………… 161

編集後記

第1章
募集・採用

　独立して事務所を開設するに当たり急遽事務職員を募集しなければならなくなったり，日常の業務で忙しい中，募集のルートを見付けたり採用に当たっての諸条件を整えるのは，なかなか大変なことではないかと思われます。そこで，まず初めに，事務職員の採用方法についての若干の参考事項並びに留意すべき点について申し上げます。

1 募集方法

　新規に事務職員を採用する際の募集のルートとしては、以下のようなものが考えられますが、各募集方法のメリット・デメリットは次のとおりです。

　　（1）新聞広告・求人誌への掲載
　　（2）弁護士会提出の求職者履歴書
　　（3）大学・専門学校の学生課等への申込
　　（4）事務所ホームページを通じた求人募集
　　（5）弁護士協同組合の高齢求職者紹介
　　（6）人材派遣会社
　　（7）職業安定所
　　（8）縁故採用

〈メリット・デメリット並びに具体的なやり方〉

（1）新聞広告・求人誌への掲載
　昨今の就職事情からして容易に多数の応募者を確保出できると思われますが、若干の広告料の支出（枠の大きさにより4万円〜12万円程度と思われます）を要することと、忙しい中多人数の面接に時間を割かねばならない、という困難はあります。
　新聞については、1つのやり方としては新聞社に電話して広告代理店の紹介を受け、その代理店に依頼することができます。就職雑誌の方は雑誌社に電話して依頼すればOKだと思います。小さい広告を出しても数十名程度の履歴書送付はありますので、その中から適宜選んで電話で連絡し、面接期日を決めることになります。

(2) 弁護士会提出の求職者履歴書

　特段紹介料のような出捐を要さず，また紹介者がいる場合が多いので比較的安心感があります。なお，東京弁護士会のみでは平成8年4月より各大学に案内を出しておりますので，大学の新卒者の応募も多く寄せられています。東京弁護士会の場合，それら履歴書は冊子に綴じられて4階の会員室に常置されており，自分でコピーを取れるようになっています。そして，弁護士会を介さずに直接電話連絡等を行って交渉し，面接等を行うこととなります。ただ，良さそうな人については，複数の事務所からの競合が考えられます。

(3) 大学・専門学校の学生課等への申込

　新卒者ですので，条件面では話がしやすく，また白紙の状態であるので，自分のやり方に合った仕事の進め方に合わせてもらいやすいと言えます。しかし他方で，それだけに雇用者である弁護士の側では，社会人教育，職業教育を自分の所で初めからやる自覚が必要となり，即戦力という訳にはいかないと思われます。

　手続については大学によってやり方が違うと思われますので，個別に問い合わせが必要です。

■ M先生のひと言

　独立して当面の心配事は，果たして依頼者は来るだろうか，事務所の経営は成り立っていくのだろうか，とのことでした。しかし，先輩弁護士が仕事を手伝わせてくれたり，親戚・友人・知人等からの紹介などが思ったよりありました。独立するまでの間の人間関係にしっかりしたものがあれば，ほとんど心配ないと思いました。

(4) 事務所ホームページを通じた求人募集

　近時はインターネットの急速な普及により，事務所ホームページを開設する事務所も増えているようですが，そのような事務所ではホームページ上で職員募集を行っている例もあるようです。この場合は，新聞・雑誌広告の場合のような広告料金はかからず，気軽に，かつスポットではなく継続的に募集できるのがメリットですが，他方で新聞・雑誌掲載のような知名度は期待できないので，一度に多数の応募が寄せられるということはないと思われます。また，従来面識がないのでどのような方が来るかわからないという点と，面接に時間を取られるという点では新聞・雑誌広告と同様です。

　既に事務所ホームページを開設されている場合は，その掲示板等に人数，採用時期（募集期間），事務所で求めている人材の需要，採用条件，担当業務の内容，連絡方法，履歴書の送付先等を掲載するだけのことです。聞くところでは，新聞・雑誌広告ほどの数とまでは行かなくとも，それだけでかなりの問い合わせがあるようです。もちろん採用が決まった後は，その旨を掲載するか，その情報を削除します。

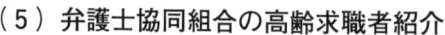

ホームページで募集というのはいいな。事務所の概要もそこで読んでもらえればわかるし…。

(5) 弁護士協同組合の高齢求職者紹介

　東京都弁護士共同組合が，東京都高齢者事業振興財団と共同で，55歳以上の求職者を対象に，「法律事務アシスタント実践セミナー」を開催し，その修了生を紹介します。この場合は，過去の経験による社会常識やノウハウの蓄積という面で新卒者にはない期待が持てる一方で，高齢者のみが対象となるので，その点を弁護士側がどのように考えるか，ということが問題となると思われます。また，新卒者と異なり，採用条件の面でも配慮が必要な場合も有り得るでしょう。

やり方としては弁護士側は求人申込書と事業所登録シートを提出し，弁護士会館内で開催される合同面接会で面接を行うこととなります。東京の場合，問い合わせ先は，（財）東京都高齢者事業振興財団協働事業推進担当係（TEL：03-5211-2325）になります。

（6）人材派遣会社

　この場合も，就職経験者で有能な人材が多いと思われ，一定期間に限って職員補充の必要がある場合等には便利ではあります。しかし，派遣料が高額にわたる場合が多いこと，また，長期雇用のつもりであれば本人に1ヶ所の職場で長期間にわたり責任を持って同じ仕事を続ける意思があるかどうかについて確認の必要があります。とりわけ，法律事務所においては，その扱う職務の性質上，職員に至るまで守秘義務を徹底させる必要がありますが，その任に堪えうるかどうか，また他の職員が居る場合はその方たちとの融和という面で問題がないかどうか，といった検討を要するでしょう。また，職種が限定されますので，電話やコピーというような機械的な仕事には従事してもらえないというケースもあると聞いております。
　そして，採用については，「労働者派遣事業の適正な運営の確保及び派遣労働者の就業条件の整備等に関する法律」（労働者派遣法）の規定に抵触しないように留意する必要があります。因みに，1999年改正後の「労働者派遣の種類と期間の上限」は下記一覧表のとおりです（東京都産業労働局労働部ホームページより引用）。

労働者派遣の種類と期間の上限

1999年の改正の結果，労働者派遣は次の4種類になりました。

種　　　類	業務の制限	派遣期間の上限・更新
1　専門的派遣	従来対象の26業務 ①ソフトウェア開発　②機械設計　③放送機器等操作　④放送番組等演出　⑤事務用機器操作　⑥通訳，翻訳，速記　⑦秘書　⑧ファイリング　⑨調査　⑩財務処理　⑪取引文書作成　⑫デモンストレーション　⑬添乗　⑭建築物清掃　⑮建築設備運転・点検・整備　⑯案内・受付，駐車場管理　⑰研究開発　⑱企画，立案　⑲書籍等の制作・編集　⑳広告デザイン　㉑インテリアコーディネーター　㉒アナウンサー　㉓OAインストラクション　㉔テレマーケティングの営業　㉕セールスエンジニアの営業　㉖放送番組等における大道具・小道具	1年（⑭⑮⑯㉔は制限なし） 更新可能 最長3年（通達）
2　プロジェクト型業務への派遣	港湾運送，建設，警備，医療，製造（直接生産工程業務）以外の業務で事業の開始，転換，拡大，縮小又は廃止のための業務であって一定の期間内に完了することが予定されているもの	3年（通達） 更新不可
3　育児・介護休業取得者の代替派遣	港湾運送，建設，警備，医療以外の業務	産休・育休代替派遣は2年 介護休業代替派遣は1年
4　臨時的・一時的派遣	港湾運送，建設，警備，医療，製造（直接生産工程業務）以外の業務で，1～3のいずれにも該当しない業務	1年（法律） 更新不可

(7) 職業安定所

就職経験者なので有能な人に当たることも多いと思われますが，直接の人的関係が無い点に若干の不安があることと，能力的にも玉石混淆の観があり，その点の見極めが必要と思われます。

やり方としては，事務所所在地の管轄の職業安定所（ハローワーク）に出向いて備え置きされている申込書（ＦＡＸ送付もしてもらえます）に所定事項を記入して提出すれば足ります。また，比較的規模の大きなハローワークでは，ハローワークの職員が事務所に来てくれる所もあるようです。

M先生のひと言　「弁護士秘書か，事務員か」

この点は，採用する側の弁護士，採用に応募してくる側の事務職員，双方の意識の問題でもあり，現状の是非の問題でもあります。イメージとしては，弁護士秘書といえばハイソな感じで弁護士のスケジュール調整や知的作業を担当する感じ，事務職員といえばどちらかというと単純作業が中心という感じがして，この辺りが採用に当たって，両者の間の意識のギャップが生じうる部分かもしれません。

従来の少人数の法律事務所では，弁護士はすべてのことを自分で処理し，事務職員には接客，電話応対，お使い，書類のコピー等の機械的作業だけを任せるという部分が少なくないように思われます。

しかし，事務職員もある程度の年数を継続勤務していくからには，単純作業だけでは人的資源としてもったいないというものです。特に，今後の法律事務の効率・円滑化，大量処理ということを考えた場合，何もかも弁護士だけで処理するというのは不合理な話で，もちろん最後の判断と責任は弁護士自らが負うにしても，徐々に事務局を訓練して能力に応じた作業を分担させていくことは，業界全体としても今後考えていかなければならない課題でしょう。

参考までに，法律事務所において事務職員に担当させている作業内容に関するアンケート調査の結果を報告します（19頁参照）。

（8）**縁故採用**
　紹介者との人的関係があることから安心ではありますが，他方で将来的にも公私にわたり気を遣わねばならないことが多いのではないかと思われます。

2 採用基準

　仕事の具体的内容と採用基準については，就業規則とまでは行かなくとも採用前からあらかじめ可能な限り明確にしておくことがトラブル防止のために必要です（労働基準法第15条第1項）。内容は以下のとおりですが，詳細については「第4章　労働条件」の「1労働条件の明確化」の項を参照してください。

（1）いわゆる秘書か，事務職員か。
（2）正規か，非正規か。
（3）賃金（賞与を含む）
（4）労働時間
（5）就業場所
（6）従事すべき業務
（7）始業・終業時刻
（8）休憩時間
（9）休日・休暇

その一例としての「雇用条件説明書」の雛形は下記のとおりです。

雇用条件説明書（例）

　当事務所に就労した場合の貴殿の就労条件の概要は下記のとおりです。

（1）試用期間を3ヶ月とし，その期間経過時点において双方に異存無き場合は事務職員たる正規所員として採用します。
（2）賃　　　金　　月○○万円。賞与夏○ヶ月，冬○ヶ月同金額からの控除額は…。交通費は完全支給。
　　　〔支払方法〕前月21日〜当月20日までの分を25日に現金にて支払う。（ただし,本人の同意があれば振込とする。）残業代も同様。
（3）保険制度　　　…。
（4）労働時間　　　月曜〜金曜の完全週休2日制（土・日・祭日休業）
　　　　　　　　　年次有給休暇（労働基準法どおり），慶弔休暇あり
　　　〔就業時間〕10：00〜18：00
　　　〔休憩時間〕12：00〜13：00
（5）就業場所　　　霞ヶ関法律事務所。
（6）業務内容　　　法律事務所における諸業務。
（7）退職に関する事項　　退職の場合は，1ヶ月前に申し出ること。

　平成　年　月　日

　　　　　　　　　　　　　　千代田区麹町6-4　霞ヶ関町ハイツ1111
　　　　　　　　　　　　　　　　　　　TEL　03-1111-9999
　　　　　　　　　　　　　霞ヶ関法律事務所 東京弁護士会所属
　　　　　　　　　　　　　　　　　霞ヶ関　太郎

　なお，賞与，退職の手続・退職金・雇用保険等についても説明することが望ましいでしょう。

表1　事務職員の業務内容（「平成2年日弁連調査」結果より）

	ワープロ	書類作成	証明書類	供託事務	裁判書類	強制執行	事情聴取
全　国	97.3％	80.2％	91.0％	73.6％	31.0％	19.6％	13.0％
東　京	97.6％	71.1％	87.2％	64.7％	21.0％	18.5％	13.1％
大・名	97.4％	89.7％	94.8％	79.3％	36.2％	20.7％	18.1％

　表1の日弁連調査の方は，平成2年の統計ですからデータが若干古いのですが，あまり変わらない基本的傾向としては弁護士の補助者たる事務職員の担当業務範囲は単純作業がメインという状況は明確であり，これを徐々に高度な作業にシフトさせ，弁護士自身が本来の中核的業務に専心できる環境を整備する，というのが本書の提言ということになります。

事務職員からひと言

《採用にあたっての労働条件の明示》

　賃金・賞与についての支給日，支給額，昇給等については採用にあたって必ず明示して下さい。曖昧なままでは事務職員は大変不安ですし，また行き違いのもとにもなります。特に一時金や昇給について，最初の約束と違うというトラブルが数多く見受けられます。

　また勤務時間，休憩時間，時間外手当，有給休暇なども大切な労働条件ですので，これらも明示するようにして下さい。規模の小さな法律事務所などでは就業規則等も整備されていないところが多いと思われますので，採用にあたっては決めておくべき事項はきちんと決めて，最低限簡単な文書は用意して，事務職員に交付していただきたいと思います。

表2　事務職員はどのような業務を担当していますか。

（東弁事務職員研修講義アンケート調査結果）

文書作成	文書取寄せ	文書受注発信	資料整理等
37	45	43	44
ワープロ	表計算	データベース	インターネット
39	29	7	19
来客応対	電話応対	予定管理	出張等の手配
50	49	26	19
事務所整備	事務所経理	税務申告	
40	20	9	

定型的法律文書作成		簡易な裁判書類作成	
13		12	
契約書類等草案の作成		保全処分手続関係	
1		7	

供託事務	判例等調査	予備的事情聴取
17	7	0
法律文書翻訳	クレサラ業務	強制執行立会
2	11	4
自己破産申立	管財業務補助	
12	8	

その他　（小口金管理，HP作成，ネットワーク接続）

　表2の方は，東京弁護士会が毎年行っている事務職員研修講義の席上で，平成13年に行ったアンケート調査の結果ですが，初級講義の際のアンケートであること，回答数が50名前後であることから，必ずしも正確な全体的傾向は反映していないかもしれません。ただ，傾向としてはパソコンの急速な普及に伴い担当業務範囲に変化が生じていることは見て取れると思います。

3 履歴書の見方

　要は当の事務所にとってどのような人材が必要かということですので一概には言えず，色々な見方があると思いますが，一例を挙げれば次のような点がチェック項目として考えられます。

*M*先生のひと言　「履歴書の見方」

　試みに，本書の編集担当弁護士数名に，「履歴書段階で書面審査をするならどういう部分を見て面接するかどうか」について決めるかをお尋ねしてみました。書面審査から得られる情報は非常に限られている訳ですが，それでも判る部分はある，ということのようです。

　例えば，履歴書の形式面そのもの。書くべき部分に書くべき情報が常識に沿った形で書かれているかどうか。

　送られてきた履歴書の封筒の書き方，宛名はどうか。

・誤字脱字はないか。字体そのものはどうか（きれいかどうかではなく，丁寧に几帳面に書いているかどうか）。

・写真の貼り方はどうか（曲がったり，大きさの合わない写真を貼ったりしていないか）。

・どのような服装で写真に写っているか。スピード写真を貼ってくるようなのは安易で駄目。

・希望事項や備考欄にどのようなことを書いているか。

　皆，結構細かい部分までうるさく見ているものですね。面接に来た時はお互い様で，弁護士側も，「この先生ずぼらそう」，「ガミガミうるさそう」，「頼りなさそう」，「儲かっているのかしら」等々，色々と査定されていると思うのですが…。

（1）住所地

あまり遠隔地に居住されている方の場合，交通費の負担が気になるところではあります。

（2）学歴・所属各部

ある程度の常識的な知識，判断能力を期待して良いかどうか。基本的な法的知識，素養を持っているかどうか。

（3）職　歴

過去に事務職員としての職歴がある方については，その経験はプラスポイントとして考えられます。その他の職歴であっても，その内容によってプラス評価と考えられる場合はあるでしょう。ただ，あまり短期間に幾つかの職場を移っているという場合は，就職した後に事務所にどの程度勤続してもらえるのか，という点が気になるところではあります。

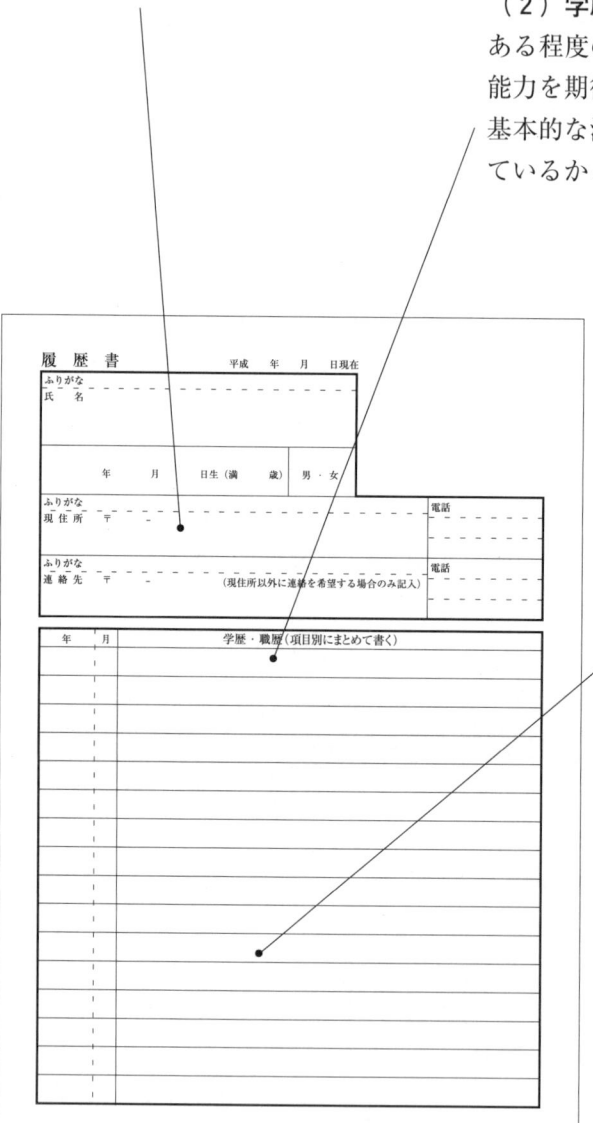

(4) 資格・特技等

事務所側の需要にもよりますが，経理関係の職務も担当可能であるとか，近時であればパソコン操作，具体的にはワープロは当然として，他にも表計算，データベース等も熟練しているということであればプラス査定をすべきでしょう。なお，ワープロに関して言えば，できるだけブラインドタッチができる方の方が望ましいと思われます。

(5) 就職希望の理由

事務所側の需要と，就労者本人の希望とが合致しているかどうかは重要な問題なので，面接前の履歴書段階でも可能な限りでチェックしておく必要があるでしょう。その中でも特に問題なのは司法試験受験生の採用の場合があります。その場合は，法的素養の点では割に高度な仕事まで任せられるとの期待感も持てますが，他方で受験生にしてみれば受験勉強に対する一定の配慮をして欲しいとの要望を持つのは当然のことですので，採用する事務所側としては，その覚悟を持って採否を決める必要があるでしょう。

(6) 面接者が希望する就労条件

事務所側で提供できる就労条件と本人の希望される条件との較差があまりに大きい場合は，良さそうな方ではあっても履歴書段階であきらめるということもあるでしょう。

(7) 継続勤務の意思の有無

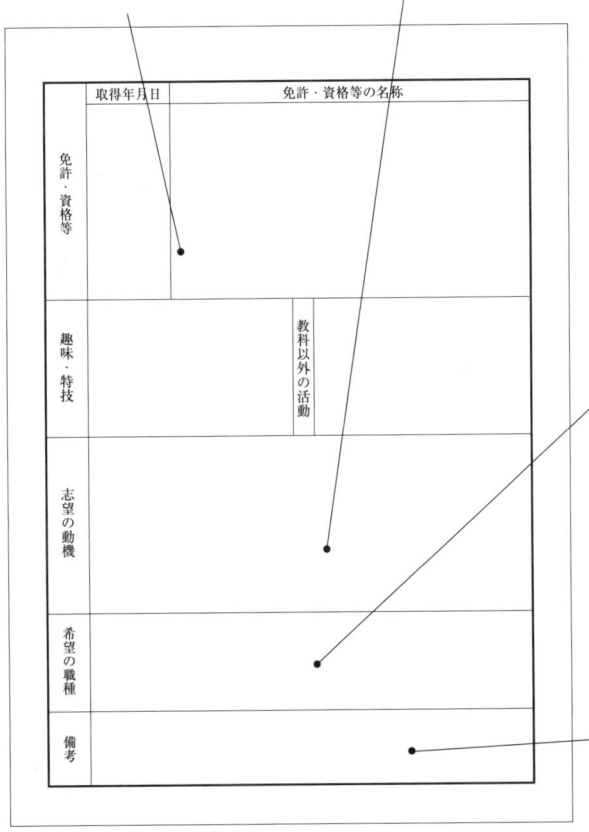

4 面　接

　採用前の面接の施行に際しては，以下の点に留意すべきと考えます。
（1）往復の交通費については，面接者全員に一律支給するのが礼儀と思われます。
（2）面接を行った後は，不合格であれば先方の就職活動の都合もありますから，採否結果の通知を速やかに行うこと，不採用の場合は直ちに履歴書の返還を要します。
（3）弁護士の方も，事務所側の需要に基づいて，採否のポイントを明確にした上で臨む必要があります。
（4）採否の判断のために，面接者の私的な生活関係についても聞いておきたい気持ちになることは判りますが，本人の純粋なプライバシーにわたる事項についての質問を行うことは弁護士という立場からも慎むべきでしょう。具体的には，個人的な思想，生い立ち，家族の職業や資産・収入，宗教等々の質問は控えなければなりません。結婚予定を聞くことも不可です。住民票の提出を採用前に求めることもプライバシーに関わりますので，採用後に提出してもらうようにすべきです。
（5）逆の問題として，採用した職員が，履歴書・面接で述べていた経歴が詐称であったことが後に判明したような場合，どのように対応すべきでしょうか。程度，内容如何，また雇用後の就業状況にもよることですが，理論的には一応経歴詐称は解雇事由となり得ます。

*H*先生のひと言

　面接時にあまりにも立派な態度や受け答えなのは要注意。そのような訓練をやってくれるスクールがあるのです。そのような懸念が心をかすめたら，何か予想外の質問をぶつけるとかハプニングを起こすとかしてみればよいのですが，これは意外と難しい。相手の人格を侮辱するような結果となってはいけないし，予想外のことは，とっさには思いつくものではありません。面接開始前に3つ以上くらいアイテムを準備しておくことです。

5 試用期間

　試用期間については，業務適性判定のための期間として，設けておいた方が双方にとって有益と思われ，必ず設けるべきと考えます。もっとも，被用者が大卒者である場合等は悩ましいところではありますが，しかし職種としての適性のない職場に居続けることは本人のためであるかどうかは疑問と思われます。その性質は，解約権留保付の労働契約と解され，本採用の拒否は，かかる解約権の適法な行使となります。

　但し，試用期間もあまりに長期にわたりますと被用者の地位を不安定にしてしまいますのでその点を考慮し，通常は3ヶ月程度が相当ではないかと考えられます。勤続期間の算定においては，この期間は遡って算入されることとなります。なお，試用期間中の解雇と解雇予告手当との関係については労働基準法第20条の定めがあります。

6 初任給

　給与の金額については，雇用者と被用者間で合意が成立する限りは，基本的にはケース・バイ・ケースということになりそうですが，一応の参考としては，以下のように言えます。

① 新卒者については，3月頃の新聞に相場が載るので，4月中はその相場に従っておき，5月か6月頃発表される当年度の現実の初任給実態に合わせて調整するのも一つの方法です。

② 中途採用では，年齢・経験等によりまちまちで客観的基準は存在しませんが，労働省等の発表する業種別賃金統計の事務部門等の数値を参考にすること等が考えられます。

③ 一般論としては，初任給は低めに設定しておくのが相当で，仕事を見て後から調整するにしても，後から下げることは労働条件の切り下げとなりできませんので，今後上げることに困難のない金額にしておくことが望ましいと言えます。

H先生のひと言

　一人しかいない事務員を新しく採用しなおした場合，前の失敗に懲りて，前の人の給料は知らせたくないという気持ちになるものですが事務所経理を担当してもらう以上，いずれわかってしまうものです。どうせわかってしまうものなら「なんで前の人よりこんなに安いの」と不満を持たれるより，オープンに話しておいた方が気持ちよく働いてもらえるというものです。

7 身元保証

　新規採用に際して，できれば身元保証も付する方がより適切と思われます。現実問題としては，損害賠償請求権を確保するというようなことよりも，例えば被用者が一人暮らしの場合に，病気や怪我が発生した時に，緊急連絡先が不明であると対処に苦慮することになりかねないからです。

　身元保証契約の内容については，身元保証人保護の見地から「身元保証に関する法律」によって規制され，同法に反する内容の契約を締結しても，その部分は無効となります。身元保証契約の存続期間は定めのない場合は3年以下，当事者で定める場合も5年を超えることはできないとされ，自動更新はされないこととなります。

8 雇用後の身分証明書発行について

　雇用後には，採用した職員に速やかに法律専門職補助職としての自覚を促し，自らの行っている職務が単なる事務仕事ではなく，補助者としての立場ではあるが人の一生を左右するような重大な問題を扱っているとの認識を持ってもらう必要があります。そのためには，事務職員が対外的な関係においても一定の確たる立場を常に証明できるようにすることが一つの手段として有効と考えます。

　また，事務職員は弁護士の手足として仕事をする際に，裁判所・検察庁・地方自治体窓口等の関係官庁において身分を証明できるものの提示を求められることが良くあります

　そこで，このように事務職員の社会的地位向上，事務職員自身の意識改革，かつ迅速な事務処理を図るという観点から，東京弁護士会では統一形式による身分証明書制度を平成11年から発足させました。

　全国の弁護士会では未だ身分証明書制度を採用していないところも多いのですが，いずれにしても，事務職員採用後はこのような身分証明書を携行させることが，職員自身の意識の上からも，対外的な事務所のイメージからも，有用と考えられます。

　参考までに，東京弁護士会の事務職員身分証明書の見本と運用規則を付します。

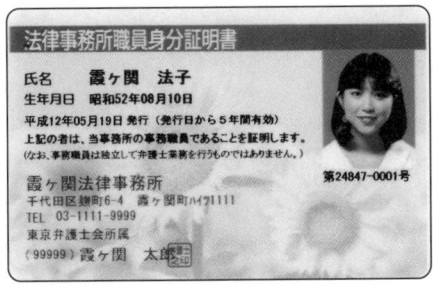
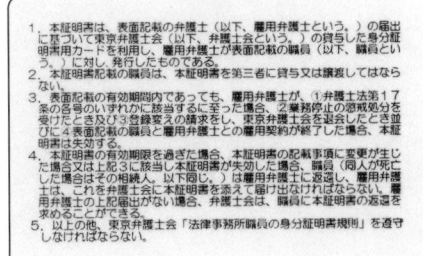

第2章

労働・社会保険

　事務職員を雇用する場合には，労働保険への加入手続きを行うことが必要です。また，社会保険への加入を検討しなければなりません。これらは採用条件としても事前に明らかにしておくことが必要でしょう。本章では法律事務所で必要になる基本的な手続きについてふれます。また，退職金制度の手助けとして退職金の共済制度についても紹介しています。

1 労働保険の手続き

(1) 労働保険の適用事業

　労働保険とは，労働者災害補償保険法による労災保険と雇用保険法による雇用保険の総称です。1人でも労働者を雇用している事業所は，事業主や労働者の意思に関わりなく，事業が行われている限り法律上当然に保険関係が成立する適用事業となります。

　行うべき手続は次のとおりです。

手続の種類	期　限	書類提出先
労働保険保険関係成立届の提出	10日以内	労働基準監督署
概算労働保険料の申告・納付	50日以内	日銀代理店など
雇用保険適用事業所設置届の提出	10日以内	公共職業安定所
雇用保険被保険者資格取得届の提出	翌月10日まで	同　上

(2) 保険関係成立届の提出と概算保険料の納付

　事務職員を採用した時点でその事務所は，労災保険・雇用保険の保険関係が法律上当然に成立します。この保険関係が成立したことを保険者である政府が確認をしなければ労働保険事務が進行しないので，事業主は「労働保険　保険関係成立届」を保険関係が成立した日から10日以内に所轄の労働基準監督署長に提出をします。この届出により労働保険番号が付与され，以後の労働保険の諸手続に必要となります。

　保険関係成立届には事業所の所在地を確認できる書類を添付します。一般的には商業登記簿謄本の写しがこれに該当しますが，法律事務所の場合は事務所の賃貸借契約書，あるいは弁護士会による事務所所在地を証明する書類が該当します。

また，保険関係が成立した日から50日以内に概算保険料を申告・納付します。労働保険料は労災保険と雇用保険の保険料を一括して，4月1日から翌年3月31日までの保険年度の初めに概算額で申告・納付し，その期間の終了後に確定額を申告し，過不足を精算するしくみになっています。したがって，年度途中に保険関係が成立した場合は，保険関係成立の日から3月31日までの概算保険料を納付します。申告・納付書は保険関係成立届を提出した際に受け取り，日銀代理店である金融機関か郵便局を経由して所轄労働基準監督署に提出・納付するのが一般的です。

　保険料率と事務職員の負担部分の徴収方法は「⑥労働保険料の算出と納付」を参照してください。

（3）労働保険の適用労働者

　労災保険はすべての労働者を対象にしています。勤務時間，雇用期間の長短，年齢などで適用の除外になることはありません。したがって，事務職員を雇用するすべての法律事務所は，（2）で述べたように，所定の届出と労働保険料を納付する必要があります。

　しかし，雇用保険では，労働保険の適用事業所となっても，そこで雇用される職員がすべて雇用保険の適用労働者となるわけではありません。雇用保険の適用労働者は次のとおりです。

　被保険者にはいくつかの種類がありますが，常用的使用関係にあれば一般被保険者として雇用保険に加入します。パートタイム労働者も短時間労働被保険者である一般被保険者となります。その基準は1週間の所定労働時間が30時間未満，20時間以上であること，1年以上引き続き雇用されることが見込まれることです。したがって，週20時間未満の人は雇用保険の適用除外となります。従来は賃金の年額が90万円以上見込まれることも適用の要件でしたがその制限はなくなっています。短時間労働被保険者も一般被保険者の一種なので保険料率は同じなのですが，失業した場合の給付日数が少なくなっています。

　また，65歳に達した日以後に雇用された人も適用除外になっています。

但し，65歳前から同一事業所で雇用されていた人は65歳以後も高年齢継続被保険者となります。

（4）雇用保険の手続

　雇用保険では「雇用保険適用事業所設置届」を所轄の公共職業安定所長に提出します。この届出は保険関係が成立した日から10日以内に行います。その際，個人事業の場合は，一般的には労働保険保険関係成立届の控，事業主の住民票，事務所の賃貸借契約書，税務署に提出した事業開始届か源泉徴収納付書，労働者名簿・賃金台帳・賃金明細書・タイムカードなどの提出が求められます。

　事務職員が雇用保険の被保険者に該当する場合には「雇用保険被保険者資格取得届」（事務職員の人数分）も提出します。この届出は雇用した日の翌月10日までに行います。事務職員が前の勤務先で雇用保険の被保険者になっていた場合はその「雇用保険被保険者証」を添付します。この手続きで新しい「雇用保険被保険者証」が事業主に交付されるので，それを事務職員に交付します。

事務職員からひと言

《労働保険，社会保険への加入》

　労働保険や社会保険への加入も多くの事務職員の方々から寄せられている要望事項です。

　労働保険は，労働者を継続して1人でも雇えば必ず加入しなければなりません。まだ加入していない場合には，労働基準監督署や公共職業安定所と相談して，すぐに加入手続をとるようにして下さい。

　社会保険の方は，法律事務所は現在強制加入にはなっておりませんが，これは法律事務所が非法人であることによって，たまたま強制適用を免れているにすぎません。会社等の法人はたとえ従業員が1人しかいなくともすべて強制加入になっております。

　強制適用からはずされているということは，国から経営が不安定で社会保険料の徴収も困難であると，ある意味ではまともな経営体としての評価を受けていないわけです。雇用主である弁護士が義務がないからとしてこれ放置していては，このような評価を追認することになりかねません。もちろん保険料の負担等の問題は切実ですが，国民健康保険や国民年金とは給付内容に大きな差があります。

　法律事務所も任意適用事業所となり社会保険に加入することは可能ですので，事務職員が希望する場合には必ず加入していただきたいと思います。

2 社会保険の手続き

(1) 社会保険の適用事業

　老齢・遺族・障害の各年金と医療保険は国民皆保険制度が確立しています。その保険者としては政府，地方公共団体，各種共済組合や保険組合が存在します。

　一般的には民間企業の被用者は厚生年金保険と健康保険（この両者を今後社会保険といいます）の被保険者となり，個人事業主や無職の人は国民年金と国民健康保険の被保険者となります。

　しかしながら，法律事務所では社会保険の強制適用事業となっていないため，弁護士は雇用する事務職員をどの年金・医療保険に加入させるのかを選択する必要があります。

　その選択肢は次の①から③になります。

	年金保険	医療保険
①	厚生年金保険	健康保険
②	国民年金	国民健康保険
③	国民年金	弁護士国民健康保険組合

　雇用される側からは，社会保険の方が給付等の面で有利であることに加えて，一人前の社会人として扱われたいということからこれへの加入を望む強い声があります。法律事務所に就職したところ社会保険加入ではなく，国民健康保険と国民年金で驚いた，これではフリーターと同じという声もあります。少なくとも職員募集の段階から社会保険加入なのか否かは基本的な労働条件として明示する必要があります。

なお，将来，法律事務所を法人化した場合は社会保険の強制適用事業となり，弁護士も含めて社会保険の被保険者となります。この点は，東京都弁護士国民健康保険組合の「組合報　第63号」を資料6としてつけましたので参考にして下さい。

　厚生年金と国民年金，健康保険と国民健康保険の相違については，資料6，7，8を参考にして下さい。

（2）社会保険（健康保険・厚生年金保険）の適用事業

　法人の場合はすべて社会保険の強制適用事業所になりますが，法律事務所の場合は個人事業のため任意適用事業所とされています。したがって，厚生年金保険・健康保険に加入する場合は「任意包括認可申請書」，事務職員の半数による「同意書」を所轄の社会保険事務所に提出します。厚生年金保険と健康保険のどちらか一方のみに加入するということはできません。

　添付書類は弁護士会による事務所の証明書と賃金台帳あるいは雇用主による賃金額の証明書の2点が必要です。(注)

　同時に「被保険者資格取得届」，被扶養者がいる場合は「被扶養者届」を提出します。このとき年金手帳も提示します。任意包括加入に同意しなかった事務職員も含めて被保険者になります。

　保険料を口座振替で納入するときは「預金口座振替依頼書」に銀行の確認印をもらって提出します。

　　（注）
　　　法律事務所の任意包括加入では社会保険事務所の窓口で「事務員が1人しかいないので半数の同意というのはありえない，加入はできない」という珍見解が出されたり，法律事務所では提出できない書類の提出が求められたりしました。この煩雑さが加入の障害にもなっていました。
　　　事務職員で構成されている全国法律関連労組連絡協議会ではこの問題を取り上げ，2001年5月28日に厚生労働省・社会保険庁と交渉を行いました。
　　　要請では「法律事務所については，通常の企業のような添付書類はそろわないことが多いが，基本的には事業所の継続性と保険料算定のための標準報酬がわかれば良いわけだから，弁護士会による事務所の証明書と賃金台帳あ

るいは雇用主による賃金額の証明書の2点をそろえれば手続きができるはずである」ことを主張しています。これに対して社会保険庁の石川氏から「書類としてはそれで構わない。もし社会保険事務所で異なる対応をした場合は直接指導してもよい」との回答が出されています。

（3）健康保険・厚生年金保険の適用労働者

2月以内の期間を定めて使用される者は適用除外となっています。したがって，それ以外の者は加入することになります。パートタイム労働者も加入させることが原則ですが，所定労働日数及び時間が一般労働者のおおむね4分の3以上あることを基準として，個々の事例については最終的に保険者が判断することになっています。

厚生年金は65歳以上の人は適用除外になっています。ただし，平成14年4月1日からは70歳以上の人が適用除外となります。

健康保険については年齢の制限はありません。

（4）健康保険の被扶養者の範囲

健康保険の資格を取得した場合に被扶養者がいるときや新しく被扶養者ができたとき，それまで被扶養者であった者が被扶養者でなくなったときは被扶養者（異動）届が必要になります。

健康保険の被扶養者の範囲は被保険者の収入に生計の主たる部分を依存している者であり，同一世帯か否かによって次のように決められます。

① 被保険者と必ずしも同一世帯でなくともよい場合
- ・直系尊属
- ・配偶者（事実上婚姻関係と同様の内縁関係を含む。）
- ・子，孫及び弟妹

② 被保険者と同一の世帯に属することが必要な場合
- ・三親等内の親族（直系尊属・配偶者を除く。）
- ・内縁関係の配偶者の父母，子
- ・内縁関係の配偶者の父母，子などが被扶養者である場合に，その配偶者の死亡後においても，その父母及び子が，引き続き被保険者と

同一世帯に属し，被保険者の収入に生計の主たる部分を依存している場合

（5）弁護士国民健康保険

　東京都弁護士国民健康保険組合は保険給付の内容は国民健康保険と同一の内容になっています。加入・喪失・住所変更等の各種届出は14日以内に行います。

　加入届の裏面の在職証明書に弁護士の署名・捺印が必要です。書類として事務職員の世帯全員の住民票（3ヶ月以内のもの），従前の医療保険が健康保険の場合はその資格喪失証明書，国民健康保険の場合は保険証のコピーを添付します。家族の医療保険加入状況の確認もされます。

　また，事務所の変更も弁護士会とは別に届出が必要となります。

　保険料は弁護士と同様に月額12,000円，家族1人につき月額6,000円，介護保険料が月額1,600円になっています。

（6）国民健康保険

　市区町村の国民健康保険の保険料は地方自治体ごとで異なりますが，23区の一例をあげれば次のとおりです。

　　医療保険分（年額）
　　　（都民税＋区民税）×1.94＋26,100円×人数
　　　一世帯上限53万円

　　介護保険分（年額）
　　　（都民税＋区民税）×0.14＋7,200円×人数
　　　一世帯上限7万円

③ 事務職員が退職した場合

　社会保険では「健康保険・厚生年金保険　被保険者資格喪失届」を提出します。これは社会保険事務所に退職の翌日から5日以内に提出します。その際，健康保険証を回収し添付します。回収できない場合は回収不能届，本人が滅失した場合は滅失届を添付します。

　弁護士国民健康保険組合に加入していた場合は14日以内に届出を行います。

　雇用保険は資格喪失届を退職の翌日から10日以内に公共職業安定所に提出します。同時に離職票を交付してもらい，退職した職員にわたします。離職票は3枚複写の書式に必要事項を記入したものを提出したうえで交付をしてもらいます。タイムカード，賃金台帳も持参します。なお，平成13年4月から離職の理由によって雇用保険の給付日数が変わることになっています。したがって，退職願などの離職の理由を明らかにする書類を持参する必要があります。

　退職した事務職員は離職票を居住地の公共職業安定所に持参のうえ失業等給付に必要な手続きを行います。離職票の交付が遅れるとその分，給付の開始も遅れてしまうので，退職時の手続きは遅れないようにします。

4 事務職員の勤務中の諸手続き

　事務職員が勤務している間，労働保険・社会保険上の様々な保険事故が発生します。その都度，事業主としての申請・請求や証明が必要となってきます。その主なものは次のとおりです。括弧内は保険の種類を示しています。

(1) 私傷病による休業（健康保険）

　健康保険から傷病手当金が標準報酬日額の60％が給付されます。国民健康保険，弁護士国民健康保険組合には傷病手当金の制度はありません。

　傷病手当金は療養のため労務に服することができない状態が3日間継続すれば，第4日以後支給されます。この3日間を待期期間といいますが継続していることが必要です。支給期間は同一傷病につき支給開始日から1年6ヶ月です。傷病が軽快し2ヶ月勤務し，その後再度労務不能になった場合でも支給期間が2ヶ月のびるわけではありません。

　請求は所定の請求書に医師・事業主の証明を記載し，タイムカード，賃金台帳のコピーを添付し事業所所轄の社会保険事務所に提出します。

(2) 出産による休業

① 出産手当金（健康保険）

　　健康保険から出産手当金が標準報酬日額の60％が支給されます。国民健康保険，弁護士国民健康保険組合には出産手当金の制度はありません。

　　分娩の日以前42日，分娩の日後56日までの間，標準報酬日額の60％が支給されます。

② 出産育児一時金（健康保険・国民健康保険）

1児につき健康保険からは30万円，弁護士国民健康保険組合からは35万円が支給されます。国民健康保険からもおおむね同額が支給されます。

（3）育児・介護休業（雇用保険）
　休業中の労働者の所得保障として雇用保険の育児・介護休業給付金が給付されます。

（4）労働災害の場合（労災保険）
　業務上，通勤途上の災害が発生した場合は療養の給付請求書を病院を経由して所轄労働基準監督署に提出をします。その後，休業（補償）給付，場合によっては障害（補償）給付などの手続きを行います。交通事故の場合は労災保険と自賠責保険との間で重複てん補を避けるための調整が行われます。労働災害であるにもかかわらず，健康保険や国民健康保険から給付を受けることは許されません。労働災害の場合は「療養の給付請求書」を病院を経由して所轄の労働基準監督署に提出します。

（5）事務職員が60歳になった場合（雇用保険）
　60歳以降，嘱託等に雇用形態を変更し賃金が低下した場合，事務職員は雇用保険から高年齢雇用継続基本給付金が受けられます。また，賃金低下の有無にかかわらず，事務職員が60歳になった時点で60歳到達時等賃金証明書を提出する必要があります。

5 中小企業退職金共済制度(中退共)

　中小企業での退職金制度の普及を目的につくられた制度です。勤労者退職金共済機構と契約を締結し，毎月の掛金を納付します。事務職員が退職した場合は掛金と納付月数に応じた退職金が退職者に直接支払われます。

　新規加入時と掛金増額時には国からの助成制度もあります。また，掛金は，法人の場合は損金，個人事業の場合は必要経費として全額非課税となり，事務職員の給与所得にもなりません。掛金は全額事業主が負担し，掛金の一部でも事務職員に負担させることはできません。

　掛金の月額は月5,000円から30,000円までの16種類があり，事務職員ごとに任意に選択ができます。

　退職金は一時期に多額の原資を必要とします。退職金制度を設けるにあたってはこの制度を活用することも一考です。

掛金月額の種類

5,000円	6,000円	7,000円	8,000円	9,000円	10,000円
12,000円	14,000円	16,000円	18,000円	20,000円	22,000円
24,000円	26,000円	28,000円	30,000円		

　パートタイマーも加入することができ，パートタイマーの掛金は上記の掛金月額のほか2,000円，3,000円，4,000円の特例も認められます。

　　　連絡先　勤労者退職金共済機構　中小企業退職金共済事業本部
　　　　　　退職金相談東京コーナー　電話03-3436-4351
　　　　　　http://www.mmjp.or.jp/chutaikyo

6 労働保険料の算出と納付

（1）概算保険料と確定保険料

　労働保険料は事業所単位に保険年度ごとに一括して前納し，保険年度後に精算する仕組みになっています。すなわち，保険年度の初めに概算額で申告・納付し，その期間の終了後に確定額を申告し，過不足を精算することとなります。そして，この概算額を概算保険料，確定額を確定保険料といいます。そして，労働保険料の確定・概算申告の作業を通称「年度更新」と呼んでおり，申告・納付すべき労働保険料はすべての労働者に支払う賃金の総額に保険料率を乗じた額です。賃金にはボーナスや通勤手当・時間外手当などの諸手当も含まれます。賃金総額に1,000円未満の端数がある場合は切り捨てます。

　法律事務所のように継続して行われている事業では，前年度の確定保険料の額がそのまま本年度の概算保険料額となります。但し，賃金総額の見込額が大幅に変動する場合（半分未満になる場合か2倍を超える場合）は，賃金総額の見込額を算出し，概算保険料を申告・納付します。

　保険年度の途中に保険関係が成立した場合は，保険関係成立の日から保険年度の末日までの間の概算保険料を申告・納付します。

　なお，保険年度は4月1日から翌年3月31日までで，毎年5月20日までに申告・納付を行います。（労働基準監督署から用紙が郵送されてきます。）

　また，概算保険料が40万円以

労働保険料は，概算額の申請・納付後，確定額を申告し，過不足を精算すればいいのか！

概算額－確定額＋過不足
＝
労働保険料

上の場合は3回に分けて分割して納付することもできます。

(2) 労働保険の保険料率

労働保険の保険料率は次のとおりです。

	被保険者負担部分	事業主負担部分
労災保険	なし	賃金総額の1000分の5.5
雇用保険	賃金総額の1000分の6	賃金総額の1000分の9.5

雇用保険の労働者負担部分は毎月の給与・ボーナスを支払う都度その賃金から控除し，具体的な金額は資料4の一覧表によります。したがって，納付時には弁護士が一時的に立て替えて納付することとなります。

7 社会保険料の算出と納付

(1) 社会保険料の算出，標準報酬月額

　社会保険料は個々の労働者の標準報酬月額に保険料率を乗じたものを翌月末日までに納付します。保険料の労働者負担分は前月分の保険料を給与から控除することができますから，
- ・4月分保険料は5月分給与から控除します。
- ・月末に退職する場合は前月分と当月分を控除します。
- ・月末以外に退職する場合は，当月分の保険料は納付する必要がありません。
- ・月の半ばに資格を取得した場合でも1ヶ月分の保険料を納付する必要があり，日割りをすることはありません。

これは被保険者期間が月を単位にして計算され，被保険者の資格を取得した月からその資格を喪失した月の前月までを被保険者期間とされているためです。納付は社会保険事務所から毎月送付されてくる納入告知書により納付するか，金融機関からの口座振替によって納付します。
　標準報酬月額は資格取得時に決定され，その後毎定時決定，及び随時改定が行われます。定時決定は毎年8月1日が基準日とされ10月から翌年9月までの新しい標準報酬月額が決定されます。この標準報酬月額とそこから算出される標準報酬日額が社会保険料と各種の保険給付の基礎となります。
　資格取得時決定は資格取得届の用紙に毎月決まって支払われる給与（基本給や通勤手当を含む各種手当）と標準報酬月額を記入します。
　定時決定は算定基礎月である5月から7月に支払われた給与（時間外手当も含む。）をもとに決定されます。所定の用紙が郵送されてきますから，毎年8月1日から10日までの指定された日時に手続きを行います。

随時改定は基本給の改定でおおきく賃金の変動があった場合に行われます。具体的には，
① 昇給や降給，給与体系の変更などで固定的賃金に変動があったとき
② 固定的賃金の変動のあった月を含めて引き続く3ヶ月間の給与で算定された標準報酬月額が，従前の標準報酬月額より2等級以上の差があるとき
③ ②の3ヶ月の各月とも賃金の支払基礎日数が20日以上ある場合のいずれにも該当する場合に行われます。この場合は報酬月額変更届を提出します。

（2）社会保険料の保険料率
① 一般保険料

社会保険の一般保険料は標準報酬月額に対してつぎの保険料率を乗じます。保険料率は次のとおりです。いずれも事業主が半額を負担します。

厚生年金	標準報酬月額の1000分の173.5
健康保険	標準報酬月額の1000分の85

（40歳以上65歳未満の被保険者は介護保険料として1000分の10.8が上乗せされます。）

② 特別保険料

賞与等に対しては特別保険料が徴収されます。この場合は賞与等を支給した日から5日以内に「賞与等支払届」を社会保険事務所に提出します。

特別保険料の保険料率は次のとおりです。

厚生年金	賞与等の1000分の10
健康保険	賞与等の1000分の85

いずれも被保険者が半額を負担しますが，健康保険は被保険者負担分の5分の2が免除（国庫負担）されるので，
- 事業主負担分は1000分の5
- 被保険者負担分は1000分の3

になります。

③　法律の改定

なお，平成15年4月からは定時決定の算定基準日が7月1日に，算定基礎月が4月から6月に，新たに決定される標準報酬月額は9月から翌年8月までの標準報酬月額になります。同時に厚生年金の総報酬制が導入されます。保険料率は標準報酬月額に対しても，賞与等に対しても，1000分の135.5に改定されます。

健康保険についても総報酬制導入の案がありますが，まだ法改正は行われていません。

（3）保険料の免除制度

被保険者が育児休業を取得した場合は申し出により保険料が免除されます。これは申し出があった日の属する月から行われ，
- 被保険者の本人負担分
- 事業主負担分
- 特別保険料

が免除の対象になります。この他には免除制度はなく，産前産後休業，傷病による休業の間は免除の対象ではありません。したがって，収入がない場合でも標準報酬月額による保険料の納付は必要ですから，被保険者の負担部分は何らかの方法で支払ってもらう必要があります。

8 労働保険料と社会保険料の相違

「6労働保険料の算出と納付」と「7社会保険料の算出と納付」でふれてきた内容ではいくつかの点で相違があります。それらを簡単にまとめると次のようになります。

	労働保険料	社会保険料
納付方法	概算保険料を年1回納付（分納の方法もある。）	標準報酬月額に基づき前月分を納付
賞与等の扱い	賞与等も保険料算定の賃金に含まれる。	通常より低率の特別保険料を納付（賞与等支払届が必要）
給与からの控除	賃金を支払う都度控除する。	翌月の給与で控除する。（賞与はその都度控除する。）
休業中給与を支払わない場合の保険料	徴収する必要はない。	育児休業で免除を申し出た場合免除され、その他の場合は徴収する必要がある。

第2章　労働・社会保険

第3章
事務職員の教育・研修

　法律事務所は人で成り立っています。事務職員が生き生き働いてくれて，弁護士といい協力関係を築けるか否かで，事務所全体の仕事のレベルも，楽しさも，充実度も違ってきます。事務職員が弁護士にとっての貴重なパートナーとなって有機的に働いてもらえるようになるためには，ただ事務職員を大切に扱うという気持ちだけでは足りず，弁護士が事務職員の教育・研修について一貫性のある考え方をもっていることが必要です。

1 教育・研修の必要性について

(1) 初めは何もわからない

　どんな専門的業種も同様ですが，その中で日々仕事をしている者にとってはごく当り前になっていることが，初めて外から入ってくる人にとってはわかり難いことばかりなのです。

　特に私たち弁護士業務の世界は，一般の人たちが日ごろ接することのない裁判や法律実務の世界であり，一般社会の常識とは異なる思考様式を身につけていますし，弁護士自治の制度などもあり，一般社会の感覚からみれば，かなりズレていると思われている実態があります。

　そのため，初めて法律事務所に就職した事務員としては当初は何もかもとまどうことばかりなのです。

(2) ついついずるずると，まあいいか

　ところが，雇用主である弁護士は，日常の目先の業務に忙しく，ついその場の必要な仕事を次々と言いつけ，何も教育しないまま使い続けることになる例が少なからず見受けられます。

　また，何か教育の必要性を心では感じていながら，社員教育の経験などないため，何をどのように教育してよいのかわからず，ついつい先のばしになってしまい，そのうち何となく仕事を覚えてくれるので，まあいいか，となってしまうことも多いようです。

(3) 教育しないのは無責任

　しかし，このような形で若い人たちを単なる目先の便利な労働力としてだけ使って済ませておくというのは，弁護士としても，また法律事務所経営者としても大変無責任なことだと言わなければなりません。

若い人たちは，法律事務所を社会の中ではハイレベルの職場だと考えて，高い希望に胸をふくらませて就職してきます。

当然，さまざまなことを学びたいという意欲も強くもっています。

（4）ビクビクオズオズでさんざんな思い

ところが，このように意味もわからないまま，こまごまとした仕事に忙殺され，質問してもろくに教えてもらえず，時にはつっけんどんな答え方をされ，中には質問することさえ恐くてできず，ミスがあればひどく叱られ，内容のわからない書類を持ってオズオズ裁判所の窓口に行けば受付でいろいろ言われて何もできず惨めな思いをし，依頼者からはキチンとかみ合う受け応えができないためさんざんひどいことを言われ，それを弁護士に伝えることもできない状態となります。

*T*先生のひと言

> 弁護士は毎日忙しく動き回っているので，なかなか事務職員とコミュニケーション（会話）をする機会がもてない。また，昼食を事務所で取ると電話がかかってきたりで，話が中断してしまう。そこで，昼食はできるだけ弁護士と事務職員が一緒に外へ出て食べるようにし，その際，いろいろと話をして意思の疎通を図るようにしている。

（5）くやしさとがっかりで辞めていく

結局，短期間で失望して辞めていくことになるというような例が数多く見受けられます。

やはり，たとえ1人でも人を採用し，自分の仕事をサポートしてもらうこととなったからには，その人の生活と将来に責任をもつのは，雇用者として当然の責務であるとの自覚が必要だろうと思います。

（6）業務効率化の重要なポイント

　また，弁護士業務の効率化，高度化の視点から考えても，事務員が定着し，レベルアップしてより高度な業務を主体的にこなせるようになることは，非常に重要な要素であります。

　事務所独立当初は，とかく新規顧客獲得や事件処理向上化の気持ちが先に立って，弁護士は外向きの仕事に力を注ぎがちになりますが，その仕事の受け皿となるべき事務所態勢がなかなか整わず，何回も事務員に辞められて結局雑事に時間をとられるばかりでなく，人に言えないつらい思いを抱え込む結果となってしまいます。

（7）事務員にだって人生はある

　中には，事務員には電話番とコピーとりなど，単純な仕事だけをさせて，あとはすべて自分がやるのだと割り切っている弁護士もいますが，長い目で見た場合，他の専門業種と比べてみても，これではやはり，質の高い，あるいは効率的な弁護士業務に発展させることは望み難いと思われます。

　新しい人を採用したならば，必ず将来は「一人前の法律事務職員」になってもらうのだというしっかりした目標を明らかにし，本人にもそれを共有してもらうことが，弁護士自身にとっても，また採用された人にとっても大変大切なポイントだと言えます。

（8）見よう見まねではわからない

　そして，そのためには，新人を採用する場合には必ず事前に計画的な教育・研修の心構えをもっておくことが必要なのです。

　弁護士業務は，高度の専門職の一つですから，その補助者は「門前の小僧習わぬ経を読み」式の考えで，単なる見よう見まねをやらせているだけでは，いつまでたっても仕事の意味がわからず，自覚的に仕事をやれるようにはならず，また仕事のおもしろみも感じることができないままとなってしまいます。

T先生のひと言

> 弁護士は仕事の内容を全て理解しているので，自分の頭の中を基準に事務職員に事務作業を依頼する。しかし，指示を受ける事務職員側からしてみれば，その指示が不完全なこともある。したがって，事務職員が指示内容で余計な気を遣わないよう，指示は丁寧，的確に，そして紛らわしい時には簡単にメモ書して渡すよう配慮すべきである。

（9）一人前にする社会的責任がある

　そのような状態で作業効率の向上だけを要求しつづけるとすれば，それは事務職員を一人の人間として扱っていないと言われてもしかたがなく，また自ら採用した若い人を
　「一人前の人間」
　「一人前の社会人」
　「一人前の職業人」
として育てるという，企業経営者であれば，当然担っている社会的責任を，法律事務所の経営者は放棄しているということになります。

　したがって，新しい人を採用するということと，採用後教育研修するということとは，常にひと続きのものであると認識しておく必要があります。

　もちろん，教育研修の仕方は採用直後にするか，しばらく実務を経験させてから行うかなどいろいろ考え方があり，どのような人を採用したかによってそれぞれ変わってきます。それについては以下に述べていきます。

H先生のひと言

　1対1の事務所では，弁護士の仕事がいかに崇高な社会的使命をもっており，高邁な理念に基づいて遂行しているものか，などといった話は自分の口からはなかなかこそばゆくて言えるものではありません。そこでついつい目先の実務教育ですませ，その高邁なところは日々の仕事の中で感得してくれることを期待します。

　しかし，弁護士倫理を共有してもらうためには常日ごろから意識的にそのような使命や理念を具体的事件処理の過程で話題にしておくことが大切だと思います。

ぜひ研修に
いかせてください。
お願いします。

ウム、なかなか
いい心構えだね、
しっかり頼むよ。

2 採用者による教育研修の違い

(1) 学卒新人の場合

　学卒新人は向上心や好奇心が強く，新鮮な感覚で，素直で，教えることを何でもどんどん吸収してくれて，大変教育しやすいものです。
　しかしながら，これまでの学生生活と，社会人としての生活は本質的に異なる所がいろいろあり，それは事前には把握し難く，いろんな具体的場面で突然出てきて，面食らわされることがあるので，そのことを十分念頭に置いて注意深く教育を進める必要があります。

(2) 「自分から聞くのだよ」

　まず第一に「知らないことは教えてくれるのがあたりまえ」という信念をもっています。
　だから「知りません」「聞いてません」と平然と言い返され，あ然とすることも生じます。
　そのようなとき，怒らずに，社会人となったことによる心構えの入れ替えを指導しなければなりません。
　「わからないことに出合ったら，自分から学んでいくのだよ」
　「学生はお金を払って教えてもらうのが仕事だったが，社会人は自ら学んで，お金を払ってもらうのが仕事だよ」と。

(3) 相手に伝わってこそコミュニケーション

　そのほか，知ったフリ，わかっているフリはしてはいけないこと，そのことで仕事にズレが生ずるとすべて具体的責任に結びつくこと，コミュニケーションは確実に相手に伝わるようにしなければ意味がないこと，相手に伝わっていないのに「言いました」とか，よく理解できないのに適当に

聞いてその場をやりすごしたりとかするのはコミュニケーションとは言えず，トラブル発生の原因となること，遅刻は必ず仕事上で具体的な支障が生じ，人に迷惑をかけることとなること，失敗をしたときは，その失敗自体よりもそれをかくすことが大変な事態を引き起こすので，必ずすぐ報告し弁護士がリカバリーの手を打てるようにすること，などなど。

（4）友達感覚を払拭しビジネス感覚へ

とにかく，学生気分，友達同士の付き合い感覚から早く脱皮させ，社会生活のルール，職業人としての自覚，責任感をもってもらうよう，具体的場面に出合うごとに，怒ったり叱ったりするのでなく，またクドクドとお説教をするのでもなく，冷静に一つずつ指導していく心構えが大切です。

「もう大人なんだからそんなことぐらいわざわざ口で言わなくてもわかるだろう」と思いたくなるのですが，その「あたりまえ」と思っていることをまったく認識していないのですから，怒ってもしかたがなく，たんねんに教える以外にないのです。

（5）高卒には一般教養教育を

なお，学卒といっても，高卒と大卒ではまったく異なります。

高卒を採用した場合は，特に責任感をもってキチンとした教育を進める必要があり，特に一般社会教養的な教育への配慮を欠かすことができません。

大卒の場合，アルバイト経験者が多いと思いますが，学生アルバイトはそれなりにしか扱われていない場合が多いので，働いた経験があるなどと安易に考えないで，やはり初期教育をキチンと行う必要があります。

（6）法学部卒には心配りが必要

ちなみに，法学部卒業生の場合，つい法律用語など教えなくてもわかるだろうとか，自分で調べられるだろうなどと安易に考えて放置しがちですが，大学で教える法学と法律事務所の法実務とはまったく異なりますから，

この点も安易な考えは禁物です。むしろ，本人が「自分は法学部出身なのに，こんなことも知らないことがバレるのは恥ずかしい」と考え，聞けばすぐわかることなのに聞かずに，かといって実務上のことは大学の教科書などには書いてあるはずもなく，どう調べればよいかもわからず悶々としたり，適当に知ったフリしてごまかしたりされることの方がよほど危険なので，法学部出身者を採用したら，逆にそのへんの気配りも必要でしょう。

(7) 一般企業等に就職経験のある中途採用者の場合

　企業などでは学卒新人を採用した場合，ほとんどどこでも社内又は社外で初期研修を行っていますから，社会人としてのマナーやルールは一応身につけていると思われます。

　したがって，つい気楽に翌日から具体的業務についてもらい，そのままになってしまうケースが多いと思いますが，一般企業と法律事務所との違いについては，どこかで一度キチンとした指導をする必要があります。

　裁判所や検察庁など法曹という世界の独自性，裁判官や書記官，あるいは弁護士などのものの考え方の特色，弁護士間の慣習やルールなど，あるいは依頼者との接し方の心構え，守秘義務，弁護士倫理，品位保持など，何らかの機会にキチンと話をする必要があります。でなければ一般社会，企業社会とのあまりの相違にただとまどったり，場合によっては弁護士を内心バカにするようになったり，というようなマイナスを生じることともなりかねません。

(8) パートやアルバイトとして雇用する場合

　具体的な作業を手伝ってもらうだけという気持ちから，特に教育・研修にまで考えが及ばないことが多いと思われます。

　しかし，中途採用者で述べたような法曹界の慣習やルール，来客への節度ある態度，守秘義務の大切さなどを理解し自覚してもらうためには，やはり基本的な教育を行うことが大切だと思います。

M先生のひと言

　弁護士が見落としているところをチェックしてくれたり、準備して欲しいことを指示する前に準備してくれたり、弁護士としてもとても有難いな、と思ったときには、感謝の気持ちを表情に前面に出して御礼を言うこと。そして、事務職員がミスした時には、改善点を的確かつ優しく示すこと。さらに、対依頼者や相手方との関係でのミスについては弁護士が全面的に責任をもち、事務職員を庇うこと。

3 研修・教育の内容

(1) 研修計画と具体的な内容について

　それでは具体的にどのような研修・教育を行えばよいのでしょうか。弁護士の業務範囲は大変広く、事務処理の上で一定の専門的な知識を必要とするものもたくさんありますから、どうしてもその事務職員の経験や知識に応じて、ある程度段階的な研修・教育が必要になります。

　東京弁護士会では、66頁以降で詳しく紹介しているように、新人研修、基礎講座、中級講座合わせて合計年12回の系統的な事務職員研修会を行っております。また、中級講座は2年分12回で1サイクルとなっており、2年間で段階的に必要な業務についてはほぼ全部受講できることになります。

　実際に新人で雇用したときから、この研修に系統的に参加してもらうのも研修計画としておすすめしますが、様々な実情により必ずしもすべての事務所が東京弁護士会の事務職員研修会に毎回送り出すことはできないでしょうから、そのような場合には、このカリキュラムを段階的な研修の一つのモデルとして参考にしていただき、独自の研修計画を検討していただければと思います。

　まず、新人研修では、社会人としての心構えや、弁護士の仕事、法律事務所の業務の特殊性等の講義は必修となります。その他に、事務所特有の理念ですとか、依頼者層の特徴等を補充されるとよいでしょう。また東京弁護士会の新人研修では、裁判傍聴や裁判所内の見学、ベテランの事務職員との交流等も行っております。実際に裁判を傍聴することは、日常的に携わるコピーやワープロ等の単純な作業が、いかに重要なものであるかを理解する上で、100の説明よりも重要です。また先輩の事務職員のアドバイスは、時として弁護士の説明以上に適切で教訓的なものがありますので、

事務所の先輩事務職員や知り合いの事務所の信頼できる事務職員に講義してもらうのも有益です。

　基礎研修としては，受付・応接，文書作成等の事務所内の業務と資料の取り寄せ，民事訴訟の流れなどを適宜説明する必要があります。これらは法律事務所の事務職員として誰もが基本的な業務として身につける必要があるものですので，たとえ主たる業務が受付や経理等であっても，一通りの説明は時間をとって行うべきものです。この新人研修と基礎講座の内容についてはおおよそ1年以内に研修をするのが望ましいと思います。

　中級講座では，破産，強制執行，供託等々の個別テーマごとにかなり詳しい内容となっておりますが，それらの業務に直接関わるか否かを問わず，法律事務職員としては一定の理解が求められる分野ですので，2～3年位の内に一通りの研修をするのが，適切ではないかと思われます。

　弁護士の行う教育は，どうしても具体的事件を処理することに応じて，その場その時の必要なことを教え込んでいくということにならざるを得ません。もちろんこのような現場教育が中心となることは当然のことですが，これだけではいつまでたっても一体何をしているのかわからない，自信がもてず不安がつきまとうという状態で，一向に人間的な成長に結びつかないなど，2年目3年目となるにつれだんだんいきづまりを生じ，お互いに不満が拡大していくことになりかねません。やはり必要な時期に系統的な基礎教育を行うことが重要なのです。

　資料（139頁）に，東京弁護士会の研修カリキュラムに沿った基礎講座の研修内容を一部載せてあります。各講義でのポイントや実務上の目標なども示しておりますので，これを参考として自分なりに工夫され，また必要に応じて東京弁護士会の研修会や研修ビデオ等を利用して，系統的な研修・教育を行うのがよいでしょう。

（2）研修用のテキストについて

　事務職員の研修のテキストとして利用できる書物としては次のようなものが利用できます。⑤と⑥以外は弁護士会館地下のブックセンターで購入

できます。
① 東京弁護士会「法律事務職員研修会テキスト」
　東京弁護士会の事務職員研修会用のテキストとして作成された1年間の講義のレジュメ集で、毎年4月にその年度のものが発行されます。実際の講義には他に資料や問題等が配布されますが、一応このテキスト2年分と後記の講義録やビデオ等を併用して研修すれば、かなり系統的な研修を行うことができます。弁護士会館地下の書店で購入できます。
② 東京弁護士会事務職員講義録
　「法律事務のA to Z」Vol.1，2
　東京弁護士会の事務職員研修会の講義録で、若干古いので新民訴の改正点や裁判所書式のA4版横書き等について補充が必要ですが、テキストと併せて研修に利用すると良いでしょう。なおVol.2は、弁護士会館地下の書店で購入できますが、Vol.1は在庫がありませんので、合同図書館等で必要部分をコピーしてご利用ください。

　　　Vol.1の内容
　　　新人研修　「弁護士の仕事と事務職員の役割」
　　　　　　　　　　　東弁会員　弁護士　原　口　紘　一
　　　　　　　「裁判の仕組みと提出書類の授受」
　　　　　　　　　　　東弁会員　弁護士　小　部　正　治
　　　初級1　　「民事訴訟手続における事務職員の役割」
　　　　　　　　　　　東弁会員　弁護士　山　岸　憲　司
　　　初級2　　「基本的な日常業務（その1）」
　　　　　　　　　　　代々木総合法律事務所職員　丁　　　厚　子
　　　　　　　「基本的な日常業務（その2）」
　　　　　　　　　　　代々木総合法律事務所職員　阿久津　俊　昭
　　　中級1　　「民事訴訟と事務職員のかかわる実務」
　　　　　　　　　　　東京合同法律事務所職員　鈴　木　寿　夫
　　　中級2　　「登記の仕組みと登記簿謄本」
　　　　　　　　　　　東京法務局　斉　藤　明　良

Vol.2の内容

中級3　「保全処分(仮差押え・仮処分)」
　　　　　　　　　東弁会員　弁護士　吉　岡　桂　輔
中級4　「担保取消」
　　　　　　　　　東京法律事務所職員　山　本　善　久
中級5　「民事執行1　不動産執行(競売)」
　　　　　　　　　日比谷シティ法律事務所職員　森　　　隆
中級6　「民事執行2　債権執行」
　　　　　　　　　北千住法律事務所職員　本　木　　　進
中級7　「供託と払渡手続」
　　　　　　　　　渋谷共同法律事務所職員　寺　下　章　夫
中級8　「刑事事件・少年事件・家事事件」
　　　　　　　　　東弁会員　弁護士　近　藤　早　利
中級10　「債務整理と破産の手続」
　　　　　　　　　東京南部法律事務所職員　本　多　良　男
中級12　「民事保全から強制執行まで」
　　　　　　　　　東弁会員　弁護士　並　木　政　一

③**法律事務職員研修ビデオシリーズ(総合ゼミナール)**

　東京弁護士会の研修会の内容をビデオ講座としてまとめたもので，講義のポイントを活字や図などで視覚的に説明しているため，ある意味では講義以上にわかりやすい優れた教材となっております。

　残念ながら，作成が少し古いために前記した「A to Z」と同じように新民訴や書式のA版横書きなどには，対応していませんが，補充の説明を加えれば特に不都合はありません。

④**全訂版　新　法律事務職員ハンドブック**
　　　第二東京弁護士会偏　　　発行　ぎょうせい
⑤**必携　法律事務ハンドブック　第1巻，第2巻**
　　　名古屋弁護士会発行

⑥法律事務の手引
　　　大阪弁護士会弁護士業務対策委員会編
　　　発行　大阪弁護士協同組合
　これらは，いずれも弁護士会が作成しているもので，それぞれ事務職員の研修や実務の解説書として定評のあるものです。研修用のテキストとして有用です。入手方法は⑤は名古屋弁護士会に，⑥は大阪弁護士協同組合にお問い合わせください。
⑦「法律事務職員のための全訂版実務ハンドブック」シリーズ
　　　法律会計特許一般労働組合業務対策部
　　　法律事務職員業務研修世話人会　　　　　共同編集
　東京弁護士会の事務職員研修会でも講師をつとめている何人かの事務職員が中心となって編集・執筆している実務解説書で，事務職員のかかわる実務については，ごく初歩的なものから，専門的なものまでかなり詳しく解説しています。現在のところまだ未完ですが，分冊で発行されているので，既発行分のみでもテキストとして十分活用できます。

事務職員からひと言

　弁護士会で研修を行っているのは知っているけれど，うちの先生は「行く必要ない」と言う。だからといって自分で教えてくれるわけでもない。私のやっている仕事など誰でもできる簡単なものだと思っているし，多分事務員の仕事はそれで充分と思っているのだと思う。
　でも先生が居ないときにも依頼者の方や裁判所からも電話はあるし，意味もわからずただ伝言を書き留めているけれど，その内容が合っているのかどうかも不安。きっと依頼者の皆さんも不安だと思う。
　言われた仕事もよくわからないままこなしているから，時々失敗をして「どうしてこんな間違いをするんだ」と怒られる。でも先生にとっては当たり前のことでも私にとっては未知の世界なんです。研修会に参加できる事務員さんがうらやましい。

4 弁護士会における研修講座

(1) 雇用主弁護士だけでは教えきれない

　前記のとおり「一人前の法律事務職員」に育ってもらおうとすれば，教育すべきテーマは大変膨大なものとなります。

　また，事務職員の担当する仕事は弁護士の行う業務の範囲ばかりではなく，普段弁護士がほとんどタッチする機会のない多方面にわたる，相当具体的な知識を必要とする分野もあります。

　これらを，弁護士が系統的にすべて教えていくというのはとてもできることではありません。

(2) 弁護士と事務員では応対も異なる

　また，例えば裁判所窓口での受付業務一つをとっても，弁護士が直接出向いて行う場合と，事務職員が行う場合とでは，先方の対応態度に大きな違いがあり，弁護士が自分の経験をもとに「こうやればいいよ」と指導しても，なかなかそのとおりにはいかないことがよくあります。

　したがって，個別事務所内での弁護士による教育・研修には小さな事務所の場合どうしても限界があります。

　さらに，弁護士の社会的役割や使命などについては，自分の口からはなかなかテレくさくて面と向かっては話しづらいものだということもあります。

(3) 弁護士会の系統的講座

　そこで，東京弁護士会では，毎年12回にわたり系統的に事務職員研修講座を開催しています。

　4月に新人講座を行ない，5月からほぼ月1回のペースで基礎講座5回，

中級講座6回を行っています。時間は午後1時半から4時までの2時間半，場所は講堂クレオを使うことが多いのですが，都合により5階の会議室で行うこともあります。

参加費はクレオの使用料の関係で現在一人1,000円となっています。

講師は内容に応じ，弁護士とベテラン事務職員が担当しており，時に裁判所書記官や司法書士などにお願いすることもあります。

テキストは1年分をまとめて1冊としたものが出されており，500円で（弁護士会館地下の書店又は，法律事務職員研修受付）で販売しています。

（4）新人には弁護士についての基礎知識を

新人講座では，社会人，職業人としての心構え，弁護士の社会的役割，法律事務所の特質，弁護士とのコミュニケーションをスムーズにするための留意点などの基本的心構えを中心とした講話のほか，今後の研修への導入をはかり，また法律用語，業務用語の調べ方など，職場になじみやすくするための話などをします。

その後，小グループにわかれて裁判所の見学，法廷の傍聴をします。そしてその後その小グループで若干の交流会をもちます。

「裁判というものをはじめて見てよかった」

「弁護士がどのようなところで仕事をしているのか，よくわかった」

「一人だけの事務所で相談できる人もなくて不安だったが，交流会で知り合いができてよかった」

などの感想が寄せられています。

（5）最低必要な基礎は毎年くりかえし

基礎講座では，法律事務所の事務員であれば最低これだけのことはわかっていてほしい，という内容を5回にわけて順序よく講義していきます。これは毎年同じ内容でくりかえし行っています。

中級講座では，保全や執行，登記や破産関係などといった個別的なテーマについて，かなり詳しい手続内容にふみこんだ講座をしています。

このレベルになると普通の弁護士よりは大きな事務所で専門的に担当しているベテラン事務職員の方が詳しいので，講師もそのような人に頼んでおり，弁護士が聴講にきていることもめずらしくありません。
　中級講座は2年間12回分をもってひとまわりとして講座が構成されています。
（具体的な講座内容は資料編139頁を参照してください。）

（6）研修ビデオが便利

　この法律事務職員研修講座に準拠して，同じ講師，同じ講義内容でビデオシリーズが発行されています。
　これは，東京弁護士会が企画し株式会社総合ゼミナールが製作して販売しているもので，弁護士会館地下の書店で取り扱っております。
　価格は1本3,500円で，現在13本近くが発行されています。
　ビデオ画面には講義をする講師の姿だけでなく，その左側には現在講義中のテーマが逐次表示され，また画面下部には，その時の話の要点が進行に応じて数行にわたって，次々に簡潔な文章で表示され，また時には理解を助けるための図表や引用条文なども表示されるというもので，実際の講義を聞くよりもある面では理解しやすい構成となっています。
　このビデオは東弁会員だけでなく，日弁連を通じ全国の法律事務所からもかなりの引き合いがあり，東弁の講座に出席できない事務所のための所内研修用，あるいは忙しい弁護士のための新人教育の自習用教材として活用されている様子です。

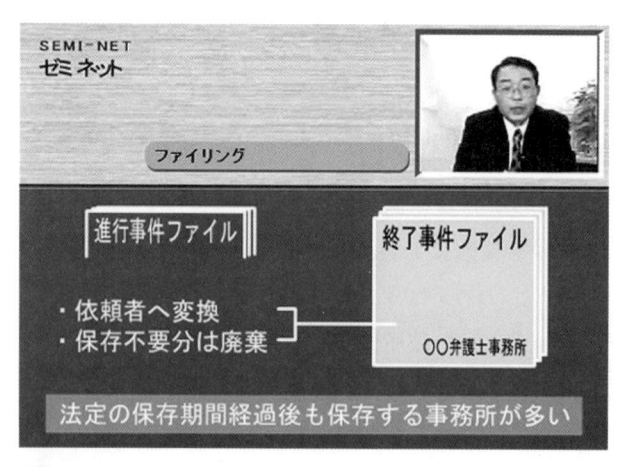

M先生のひと言

　独立したてのころは，比較的空き時間があったため，弁護士会でいくつかの委員会活動等に参加しました。しかし，間もなく忙しくなり始めたため，弁護士会委員会活動も思うにまかせなくなりました。仕事と弁護士会活動の両立の難しさを一番感じたのはこのころでした。翌年からは弁護士会活動もできる範囲に止めるようにし，バランスを取りながら参加しています。

5 業務用語

(1) はじめにことばありき

　法律の仕事はことばで成り立っています。専門分野であれば，コンピュータであれ医療であれ，それぞれ独自の専門用語があり，その用語を覚えることから仕事の勉強は始まります。

　だから，法律業務に関する用語を覚えてもらうのは法律事務所に就職した人の当然の義務とも言えます。

　ところが，何も教えられず受付業務に就かされた事務員にとっては，大変な苦業が始まるのです。

　先輩事務員がいる事務所は，助かります。しかし，単独事務所で事務員が一人しかいない事務所では，聞ける人がいません。

　裁判所の書記官をはじめとして，仕事で電話をかけてくる人はごく普通に専門用語，業務用語を連発します。意味のわからないことばを正確に聴き取ることぐらい精神的に疲れる仕事はないのです。

　しかも，確かめるために聞き返してよいものやら聞き返せば笑われるものやらの見分けさえつかないのです。

(2) わかりにくい法律用語

　他の専門分野と異なり法律の世界は，日常用語と専門用語との見分けがなかなか難しいということも念頭に置いておかねばなりません。

　来客と打合せ中の弁護士から「ちょっとベンセン持ってきて」と言われて，いそいで便箋を持っていったらお客の前で笑われてしまった，というような例がたえず生じます。

　弁護士はその場の笑いで済ませていても，事務員にとっては大きなショックです。仕事の基本にかかわることだからです。

そこで，事務員が独自に法律用語などの勉強をしようと思い立っても，これがなかなか難物なのです。

　法律事務所で用いている用語には法律専門用語のほか，ビジネス界で一般的に用いている業務用語もあり，また，法曹界だけで用いている，いわゆる業界用語があります。

　そして，この業界用語はたいてい略語で用いています。

　　ベンセン，タントリ，チサイ，カンサイ，クケン，ウケショ
等々のたぐいです。

　これらは，国語辞典にも法律用語辞典にも，○○用語の基礎知識といったものなどにも載っておらず，自分では調べようがありません。

（3）調べ方を指導する。

　まずは，事務所に国語辞典，法律用語辞典，ビジネス用語辞典といった類のものは揃えておく必要があります。

　しかし，いわゆる業界用語は前述のとおり，これらには載っていないので，実務の中で必要に応じ口頭で教えていくしかありません。

　聞いたことのないことばが出てきたら遠慮なく弁護士に質問するよう常日頃から言いおくことが大切です。

　でなければ，本人の調べられる範囲で調べてあとは適当に推測してすませることになってしまいます。

　これでは，重要な場面でいつ大きなミスが発生しないともかぎりません。

　ところで，業界用語については，現在東京弁護士会業務改革委員会の職員研修を担当している講師たちの協力で，少しずつ事務職員用の実務に役立つ用語説明書づくりを進めているところです。

　そのさわりを以下に掲載しておきますので，用語説明の際の参考にして下さい。

　なお，法律用語はお互いに関連しており，積み重なって意味がわかってくるものですから，出てくるたびに気長く教えていくほかないように思います。

(4) 用語説明の例

[裁判所]
（さいばんしょ）

　裁判所には，最高裁判所，高等裁判所，地方裁判所，家庭裁判所，簡易裁判所があり，また地方裁判所及び家庭裁判所にはそれぞれ支部があります。したがって，「八王子の裁判所」といった場合には，東京地方裁判所八王子支部，東京家庭裁判所八王子支部，八王子簡易裁判所の3つが考えられます。きちんと区別ができるようにして下さい。また地裁（地方裁判所），高裁（高等裁判所），簡裁（簡易裁判所），家裁（家庭裁判所）などと略されることもあります。

　裁判所からの事件に関する電話では，必ず担当部（及び担当書記官）も確認しましょう。なお，地民4部（地方裁判所民事4部）地刑8部（地方裁判所刑事8部）などと略されることもあります。

[最高裁判所]
（さいこうさいばんしょ）
（略）最高裁
（さいこうさい）

　最高裁判所は日本の中に一つだけしかなく，千代田区隼町にあります。高裁からの上告事件を主に扱うところで，民事訴訟法（民訴法）で憲法違反や判例違反など上告できる場合をきびしく制限されています。

　アメリカなどでは最高裁は観光名所の一つになっていて，一般の人（国民だけでなく外国からの観光客も）の出入り自由となっていますが，日本の最高裁は入口に守衛がいて，要件のない人は入れてくれません。

[高等裁判所]
（こうとうさいばんしょ）
（略）高裁
（こうさい）

　全国に8つあり，東京，大阪，名古屋，広島，福岡，高松，仙台，札幌の各高裁があります。

	地裁からの控訴事件と，簡裁から地裁に控訴した事件について，地裁からの上告事件を扱います。
[地方裁判所] （略）地裁	各都道府県ごとに一つずつおかれている裁判所で，一般の民事事件，刑事事件を扱います。
[簡易裁判所] （略）簡裁	地裁の管内に，誰でも利用しやすいよう，各地域にまんべんなく小さな裁判所が置かれています。全国で約450ヶ所ほどあります。 　請求金額（訴訟物の価額）が90万円を超えない民事事件や，法で定められた軽い刑事事件について裁判を行っており，その手続きも簡単な方法が定められています。 　また30万円までの請求額であれば小額訴訟手続というさらに簡単で迅速なやり方も作られており，弁護士を頼まなくても裁判ができるようになっています。 　また，一般民事調停も行っています。 　調停というのは，民間委託の2人の調停員（弁護士も多数なっています）が，小さな部屋（調停室）で申立人と相手方の話しを聞いて，紛争を話合いで解決する制度です。
[家庭裁判所] （略）家裁	家事事件と少年事件を扱う裁判所です。地裁とほぼ同じ数があります。 　家事事件というのは，離婚事件や相続事件など夫婦親族に関する紛争のことです。 　家庭裁判所で行う調停は一般的民事調停と同様ですが，家事調停の場合必ず男性と女性の調停員が組

んで行うようにしています。

　内容により夫婦関係調整調停，離婚調停，遺産分割調停などと呼んでいます。

　調停が成立せず（不調という。）本裁判になる場合には地裁に本訴を申立てることになります。

　少年事件というのは，非行少年などについて審判を行います。これを少年審判と言います。

　審判というのは，審判廷（法廷よりも小さいが調停室よりは厳格な雰囲気の部屋）で，一人の裁判官が当事者の話しを聞き，必要な調査などをして（調査官という人に調査させ報告させる。）決定を下す手続きのことです。

[調停]（ちょうてい）

　調停には一般民事調停と家事調停があります。一般民事調停は主に簡裁で行っていますが，地裁でも裁判所が必要と判断した場合には行うこととなっています。

　調停員は民間委託で社会経験豊な人が選ばれるようになっており，その元の職業は実に多彩となっています。

　調停はあまり法律に杓子定規にしばられず，社会常識と条理に基づいて，両当事者の納得のいく解決を図ることを目的とするものですが，最近では法的判断を求められる紛争が増えているため弁護士が調停員に頼まれる数がかなり増えています。

[管轄]（かんかつ）

　その裁判をどこの裁判所が担当するかの定めを管轄といいます。

　管轄は一つしかない場合もありますし，複数存在

する場合もあります。訴状を提出する際は原則として管轄のある裁判所に提出します。

[事物管轄（じぶつかんかつ）]　簡裁と地裁との事件の対象区分による分担の定めで，訴額を基準として定められています。訴額が90万円までは簡裁，90万円を超える場合は地裁となります。

[土地管轄（とちかんかつ）]　場所の異なる同種の裁判所間（例えば地裁相互間，簡裁相互間）でどこの裁判所が担当するかの定めを土地管轄といいます。原則として被告住所地であるとか，法律上の義務履行地であるとか，対象となる不動産の所在地とか，不法行為発生地など，様々の定めがなされております。専属管轄以外は普通裁判籍及び特別裁判籍の場所によって決まります。

[合意管轄（ごういかんかつ）]　当事者間の合意によって，土地管轄ではない裁判所で裁判をしてもらえるというもので，「管轄の合意書」を提出して裁判所に受け付けてもらいます。

[応訴管轄（おうそかんかつ）]　土地管轄ではない裁判所に出された訴訟であっても，被告がその裁判所での訴訟手続に応じると管轄が認められることがあります，これを応訴管轄と言います。

[専属管轄（せんぞくかんかつ）]　ある種の裁判については管轄について法律で厳格に決められていて，他の裁判所では行うことのできないこととされていて，これを専属管轄と言います。この場合には他の管轄の定めはすべて適用されませ

ん。

　離婚等の人事関係の訴訟や，執行文付与の訴え等の執行関係訴訟及び株主総会決議無効の訴え等会社関係の訴訟などに多く規定されています。

[改製原戸籍]
（又は）
改正原戸籍

　昭和22年の民法改正で戦前の家制度が廃止されました。この改正に基づき昭和32年法務省令27号によって全国的に戸籍を新しく作り直す改製作業が，昭和33年から昭和37年にかけて行われました。この改製以前の戸籍のことです。「ハラコセキ」と呼ぶ人もいます。この戸籍の謄本をとると，お祖父さんと孫が一緒に記載されているなど大家族となっています。

[戸籍・除籍の記載事項証明書]

　コンピュータ化による新たな改製で，平成6年12月1日施行されました。
　戸籍がコンピュータ化されたことにより，戸籍謄本は「戸籍の全部事項証明書」，除籍謄本は「除かれた戸籍の全部事項証明書」と表示が変更されました。通常申請する時は，戸籍謄本・除籍謄本で差し支えありませんが，コンピュータ化される以前の除籍の分は基本的に記載されません。またコンピュータによる改製前の戸籍謄本も同様に改製原戸籍と呼びますので注意が必要です。

[外国人登録]

　一定期間以上，日本で生活する外国人は，居住地の市区町村で，氏名・住所・国籍・旅券番号・居住地などを登録しなければなりません。日本人の住民票や戸籍にかわる外国人の登録制度です。

外国人登録原票に登録された事項の証明書は本人でないととれませんが，弁護士であれば，日弁連統一用紙に必要事項を記入し自治体に直接申請すれば，取り寄せることができます。

[訴訟物（そしょうぶつ）]

　裁判を申立て（訴状を提出し）た時，その裁判（訴状）の中で，争いの対象とされている権利や紛争事項のことを言います。
　不動産の所有権を争っていれば，その「所有権」が訴訟物であり，賃借権を争っていれば「賃借権」が訴訟物です。また，離婚請求裁判では「離婚」自体を訴訟物と言います。
　したがって，具体的な「物」とはかぎりません。

[訴訟物（そしょうぶつ）の価額（かがく）（訴額（そがく））]

　民事裁判の申立てには，裁判の対象物の経済的価額に応じて申立手数料が定められており，その金額分を訴状に印紙（貼用印紙）を貼って提出することとされています。
　貸金の取立請求裁判ならその貸金額ですが，不動産所有権ならその課税評価価額，借地権であればその何割というようになります。「離婚」などのように金額が決められないものは一律「95万円とみなす」ということに定められています。
　しかし，現実に訴状を出す場合にはどう計算してよいか難しい事例が多いものですから，一応自分で調べて見通しはたてても，提出の際は必ず書記官に相談してから確定するようにするのがよいでしょう。

第3章　事務職員の教育・研修

[訴訟費用（そしょうひよう）]

　裁判をしたためにかかった費用のことをいい，勝訴の場合，相手方の負担として判決主文に書かれます。判決確定後に一定の手続きをとれば相手方から取り立てることができます。

　費用の内訳としては，訴状への貼用印紙代，送達のための郵券（切手）代，証人に裁判所から支払った旅費，日当，鑑定をした場合の鑑定料などいろいろあります。

　双方が依頼した弁護士費用は，現在のところ日本では「敗訴者負担主義」がとられていませんので，ここで言う訴訟費用には含まれないことになっています。（支払わせる場合は損害額として別途主文に支払命令が書かれます。）

[請求の趣旨（せいきゅうのしゅし）]

　訴状の中で，どのような判決をもらいたいのか，判決の主文にしてほしいことを明記した部分，あるいはそこにかかれた請求内容そのもののことを言います。たとえば「1,000万円支払え」とか「AとBを離婚する」とかです。

[請求の原因（せいきゅうのげんいん）]

　「請求の趣旨」の根拠となる事実のこと，あるいは，訴状の中でその事実を書いた部分のことです。

　例えば，請求の趣旨で「1,000万円支払え」とあれば，「○月○日に貸して，返済期限がきた」というような事実，また離婚請求なら「被告のこれこれの不貞行為で婚姻が破綻した。」という事実などです。

　したがって，請求の趣旨と対応していることと，これから立証していく証明事実と対応していることが求められます。

そのため個別の請求原因ごとに，対応する証拠を（甲1）や（甲2）などと摘示するよう求められています。

これらの対応関係は訴状提出の際，受付でチェックされ質問されますので，提出前に自分でも一応チェックしておくようにしたいものです。

[口頭弁論]
民事裁判は公開の法廷で，双方が口頭で主張を述べ合う，ということが原則とされています。

その主張を述べることを陳述といい，これを行う手続きのことを口頭弁論といいます。

また，その主張したことを証明するための証拠調べの法廷も口頭弁論手続の中に含まれます。

[期日]
裁判所で当事者が出席して開かれる正式な手続きのことを期日といいます。

口頭弁論期日，準備手続期日，和解期日，審尋期日，審問期日，調停期日など，手続内容ごとに様々なものがあります。

期日の決定には行き違いなどのトラブルをふせぐため，必ず期日受書を出すこととなっています。もっとも弁護士が出席している席上で決められた期日については告知承諾済みということで，受書は出さなくて良いこととなっています。

[送達・特別送達]
裁判所から当事者や関係者に文書を送付あるいは交付すること送達といいます。

通常は郵便で送られますが，判決書など重要なものについては特別送達という厳格な郵送方式が取ら

れていて，これには例えば受け取った日の翌日から2週間以内に控訴しなければ確定し控訴権がなくなるなどの，厳しい法的効果が与えられていますから注意が必要です。

また，裁判所の中で書記官が直接当事者に書面を渡すのを交付送達といい，送達受書にハンコを押します。

このほか，執行官に書面を持っていって交付してもらう執行官送達や，住所がないが居ることがわかっている人に持っていって渡す出合送達，住所地に住んでいるのに受け取らない人などに行う書留郵便に付する送達，住所不明の人に対して行う公示送達，外国にいる人に対する大使館嘱託送達など，いろいろな種類の送達があります。

送達すれば必ず，送達報告書が裁判所に戻されますので，いつ，どのように送達されたか裁判所（書記官）に問い合わせれば調べることができます。

訴状や答弁書には，住所のほか送達場所も記載することとされています。

[準備書面]

法廷で陳述しようとする主張を，あらかじめ書面に書いて提出する書面のことで，陳述を準備する書面という意味です。

本来は，書面で提出しておいてから，法廷でこれを読み上げて口頭での陳述（弁論）をしたものなのですが，現実には，「ここに書いてあるとおりですね」「はい」ということで書面のやりとりだけで口頭弁論が終わってしまう実態となっていて，裁判所が書面主義で市民（傍聴人）から見えにくいと批判

されたりしています。

[陳述(ちんじゅつ)]

　陳述書に書いてある主張を，正式に口頭弁論手続の中で述べることを「陳述する」といいます。
　現実には「このとおり陳述されますか」「はい」といえば，口頭弁論期日調書に「○○準備書面を陳述」と記載されます。
　したがって，準備書面を提出しただけでは，「まだこれは陳述扱いとはなっていません（未陳述です）」と言われることになります。
　また，裁判としてふさわしくない主張であれば，不陳述扱いとされてしまうこともあります。

[擬制陳述(ぎせいちんじゅつ)]

　第1回の口頭弁論期日についてだけは，書面（訴状や答弁書など）を提出しておけば，現実に出席して口頭で陳述しなくても，陳述したという取扱いをしてくれることになっています。
　そのため，特に被告の場合は第1回期日には答弁書だけ提出して欠席する例が多いと思いますが，その際は次回期日をその場で決められるよう，事前に次回期日の希望日を出しておくことが求められます。
　また，この擬制陳述制度の裏返しで，訴状送達を受けていながら第1回口頭弁論期日に答弁書も出さず，出席もしなかった場合には，「擬制自白」ということで訴状に書いてあることを全部認めたことと看做することになっており，ただちに結審とされ，判決を言渡されてしまいます。これを「欠席判決」といいます。

[書証（しょしょう）]

　文書の形で出す証拠のこと。文書の作成者名や，作成した年月日，原本を持っているのかコピーしかないのか，などを明らかにしなければなりません。
　図面や写真，テープ，ビデオなども文書に準じることとされていますが，これらは，それぞれの証拠となる内容を説明する文章をつける必要があります。
　また，テープやビデオは証拠として記録につづり，引用できるようにするため聴き取り書きをつけることなどが求められます。

[鑑定（かんてい）]

　証拠物などの見方について，専門的な知識が必要な場合，鑑定を行うことになります。
　当事者の申立てにより裁判所から適任の専門化に対し，鑑定人として委嘱して鑑定してもらい，鑑定書という形で出されたものが証拠となります。
　鑑定人は裁判所で公平な立場の人を捜すのが建前となっていますが現実にはなかなか適任の専門化を見つけにくく，当事者にも推薦を求められることがあります。
　鑑定書が出されても，専門的な文書であることが多く，その意味内容を理解し難いことが多いため，法廷に鑑定人を呼んで鑑定尋問を行い，その尋問調書と合わせて証拠とされる場合もあります。

[人証（証人）（にんしょう しょうにん）]

　裁判で争われている事実関係に直接関係した人に法廷で証言してもらい，その証言を証拠とすることです。証言したことは尋問調書が作成されます。
　証人に対しては，申立人からの主尋問，相手方からの反対尋問，裁判所からの補充尋問などがなされ，

尋問調書が作成されます。
　尋問調書は従来は速記官が作成していましたが，速記官制度を廃止する方向へ動いていますので，裁判所でテープをとってそれを外部委託でテープ起こしをし，書記官のメモとつき合わせて作成しています。
　簡易裁判所などでは，調停の簡略化に当事者（代理人）が同意すれば，書記官の要点メモだけの調書で，テープ起こしはしないで済ますことも行われています。
　但し，その場合あとで必要となって請求すれば，当事者側でテープに起こしをすることはできます。

[陳述書]

　証人が法廷で証言する内容をあらかじめ準備しておくために作成して提出するもの，あるいは法廷での証言の補充として提出する場合もあります。
　また，法廷には出席できない人の話しを聞いてきて証拠とする場合などにも用います。
　裁判では「主張」とそれを証明するための「証拠」とは明確に分けて取扱われており，同じことが書かれていても準備書面に書かれたことは「主張」であり，「陳述書」に書かれたことは「証拠」となります。
　したがって，全く同じ内容を準備書面と陳述書とに重複して書くことが必要な場合もあります。
　保全命令申立事件（仮差押・仮処分）など，疎明で足りる（証明とちがい反対尋問なくてもよい）手続きの場合は，この陳述書だけで裁判官が判断を下す（決定を出す）ことになります。
　したがって，この陳述書の出来の善し悪しで結果

第3章　事務職員の教育・研修

が決まってしまうほど重要な役割を果たすことになります。

なお,「主張の陳述」という場合の陳述と,この陳述書とは全く意味が異なりますので,混同しないようにして下さい。

[固定資産評価証明]

各地方自治体は,地方税法に基づき不動産の所有者から固定資産税などの税金を徴収します。その税金の徴収にあたっての課税の基礎となる不動産の価格をあらかじめ定めており,これを固定資産評価額と言います。この課税台帳に記載された不動産の評価額についての証明書を発行してもらうことができ,それを固定資産評価証明書と言います。

これは訴訟を提起する際の訴訟物の価額の算定や,不動産登記の際の登録免許税算出等のために使用されます。

この評価証明書は,各市町村役場の資産税課など,税金の係で出してくれます（東京23区の場合は,都税事務所）。

[公課証明]

固定資産税,都市計画税等の現実に支払う税額を証明した書類です。実務上は不動産競売申立のときなどに必要になります。取り寄せ場所は評価証明と同じ所です。

[公示価格]

国土交通省が毎年調査して発表する1月1日時点における各地の特定地点における土地の評価価格です。国や地方自治体の用地の取得や国土利用計画法に基づく土地取引価格の判断基準となります。

全国の公示価格が本にされて市販されていますし，弁護士会の図書館にも置かれています。

[路線価]
国税庁が主要な道路に面した，市外地的な地域にある宅地についての評価額を毎年発表するものです。相続税や贈与税の算定基準となります。
この路線価も本として市販されていますし，弁護士会の図書館に置いてあります。

[基準地価]
各都道府県が毎年公表する7月1日時点での基準地点における土地価格です。公示価格が都市計画区域内を対象とするのに対し，基準地価は都市計画区区域外の土地も調査し，算定しています。

[不動産登記の謄本]
登記簿の写しで，法務局で誰でも取れます。不動産登記簿は「表題部」（不動産の物理的状況），「甲区」（所有権に関する登記），「乙区」（抵当権など所有権以外の権利に関する登記）の3つの部分から成り立っています。

[公図]
土地を地番ごとに区分している地図のことです。目的の不動産登記簿謄本の地番が不明の時，住宅地図と照合しながら，地番の確定をする際などに使用します。
法務局に保管してあり，誰でも閲覧（1枚500円）し，コピーをとることができます。

[住宅地図]
航空写真をもとに作成された地図で，現地の建物や居住者名の記載があり，住居表示と地番，公図番

号も記載されています。地番が不明な場合，住所から地番を探すときなどに便利です。

弁護士会図書館（東京全域と埼玉，神奈川，千葉の市部）や法務局に揃えてありますが，大きな書店で市販もされています。

[地積測量図]

土地を分筆したり，地積の更正をしたときの表示登記の際に添付される土地の正確な形状・寸法と面積が記入された測量図です。法務局で土地登記とともに保管してあり，コピーできますが，地積測量図が法務局で保管されるようになったのは，昭和37年ころからですので，あまり古い登記簿にはついていません。

[占有移転禁止の仮処分]

土地や建物の明渡しを求める場合，現在の占有者を被告として勝訴しても，その間に占有している者がかわってしまっては，その判決に基づく明渡執行は不可能となります。

本訴を提起する前に占有の移転を禁止する仮処分の手続きをとっていれば，それ以後に占有者が変更しても，それを認めない扱いとして強制執行を可能とするものです。

この命令に基づく仮処分執行は，執行官に執行の申立てをして執行官が現場に出向いて占有状況を確認し，執行調書を作成して行います。

[立担保]

民事保全事件（仮差押や仮処分）は，相手方の財産処分を一時停止して，判決確定後の強制執行を可能にするための手続きです。本裁判前の手続きのた

め，おおよその判断（これを疎明といいます）で命令が出されます。そのため，本裁判での厳密な証拠調べの結果，原告が敗訴した場合，保全命令を受けたために被告に損害が発生する場合があります。

そのような場合にそなえて，裁判所はその保全命令を出すための担保として債権者（申立人・原告）に保証（担保）を立てさせます。これを立担保と言います。

立担保の方法は，法務局への現金または有価証券（国債など）の供託によるか，金融機関による「支払保証委託契約」（通常ボンド）により行われます。

[第三債務者の陳述催告]

債権仮差押申立の際の第三債務者（給料であれば債務者の勤務先会社，預貯金であれば債務者の預貯金先の金融機関）に対し，仮差押命令に表示された債権の有無と支払う意志の有無などについて問い合わせをし，回答を求めることができます。

この申立ては，命令が出た後では申し立てることができなくなりますので保全申立と同時に提出することが必要です。

この回答によって仮差押がうまくいったかどうかの判断ができます。

[担保取消]
（略）担取

保全事件や執行停止のための担保を立てた場合につき，本案勝訴判決が確定したときや，担保取消について相手方の同意があったときなど，担保を立てる理由がなくなったときは担保提供者は，担保取消の申立てをして立担保したお金を払い戻してもらうことができます。

これを担保取消決定といいます。

[担保取戻]（たんぽとりもどし）

　保全事件の担保は，相手方（債務者）に，損害を与える余地のないような終了の仕方をする場合には，担保取消手続によらないで担保を取り戻すことができます。
　損害を与える余地のない場合とは，①発令前あるいは執行を行う前に申立てを取り下げた場合，②執行期間が過ぎたため執行ができなかった場合，③執行が不能に終わった場合などを言います。
　担保取戻許可申立をしますが，この手続きは，相手方に送達されることなくすすめられます。

[債務名義]（さいむめいぎ）

　強制執行を申し立てる際，その根拠とすることができる，請求債権を確定している，法律上定められた一定の文書のことを言います。
　「債務を負っている人の名前」などと勘違いしないようにしてください。
　どのようなものがこれにあたるかは，民事執行法に定められていて，確定判決，仮執行宣言付判決，公正証書，あるいはこれらと同等の効力をもつ文書などが列記されています。
　執行申立ての際には，これらの文書の正本を添えて申し立てます。

6 研修に対する助成金制度の活用

(1) 生涯能力開発給付金について

　雇用保険に加入している事業所は，労働組合等雇用する労働者の意見を聞き，あらかじめ職業能力開発計画を提出して計画的に雇用者の教育や訓練をすることにより，負担した教育訓練費用やその間に支払った賃金の一部を生涯能力開発給付金として助成を受けることができます。多くの企業等では利用されている制度ですが，法律事務所では今のところあまり活用されていないようです。

　生涯能力開発給付金には，大きく分けて，
　・雇用主の命ずる研修・訓練を対象とした「能力開発給付金」
　・労働者の申し出による訓練に対する「自己啓発給付金」
　・認定社内検定や認定技能審査に対する「技能評価推進給付金」
の3種類がありますが，今のところ法律事務所の場合に利用できるのは「能力開発給付金」か「自己啓発給付金」のどちらかになります。

(2) 支給の要件

　支給の要件としては，まず最低2種類以上の教育訓練コースが計画され実施される必要があります。計画策定に当たっては，労働組合か又は労働者の過半数を代表するものの意見を聞くことになっています。給付を受けようとする訓練コースは合計10時間以上でなければなりません。

　具体的な手続きは，まず4月から6月までの間に1年分の教育訓練計画を作成し管轄地域の職業訓練校に提出しておきます。そしてその計画に従い，予定した教育訓練を実際に行った場合には，4月～9月までの分については10月に，10月～3月までの分については4月に，生涯能力開発給付金の請求をします。

助成の対照となる訓練には様々な要件がありますが，例えば東京弁護士会の年間カリキュラムは10時間以上ですので，それとやはり10時間以上のパソコン研修等を計画し提出すれば，助成の対象となります。弁護士会等の行う研修会の参加費等の他，事務職員に簿記学校やパソコンスクールに通って実力を付けてもらうのも有益です。詳しくは管轄の職業訓練校や東京都労働経済局にお問い合わせください。

生涯能力開発給付金を上手に利用すれば，事務員に研修を受けさせることも簡単になるな。

能力開発給付金
自己啓発給付金

7 パソコンの活用

（1）法律事務所の業務とパソコンの活用

　これからの法律事務所にとって，パソコンをいかに活用するかは，業務の効率化の上では極めて重要になってきます。インターネットを利用して，不動産登記や商業登記の内容を調査・確認することも可能となりましたし，24時間いつでも事務所に居ながらにして内容証明が出せるようになりました。また，様々な情報や資料もインターネットのホームページを通じて入手することができます。その他多重債務事件や破産事件における表計算ソフトの利用，判例検索等のCD-ROMデータの利用，電子メールの送受信，パソコンを使ってのファクシミリ送受信等々様々な活用方法があります。

　もちろん弁護士が自らパソコンを自由に扱えれば良いのですが，弁護士が不得手の場合は，ぜひ事務職員にはパソコンの利用に精通して欲しいものです。しかし，現実にはパソコンを自ら利用する弁護士は事務職員のパソコン利用にも積極的ですが，不得手の弁護士ほど消極的な傾向があるようです。

　最初からパソコンに詳しい事務職員を採用できればよいのですが，そうでない場合にはぜひ学校や講習に積極的に参加してもらい，少なくとも上記例記した程度の作業はパソコンでできるようにしたいものです。

> 情報や資料の入手だけでなく，自分のスケジュール管理もこんなにすっきりできるのか！

なお，法律事務所でのパソコン利用には，下記の本が参考になりますので，ぜひご一読いただき，事務所でのパソコン活用をご検討ください。
☆「法律事務のためのパソコン徹底活用Book」株式会社トール
☆「法律事務所のためのパソコン導入大作戦」株式会社トール
☆「法律実務家のためのパソコンによる文書作成術」株式会社ぎょうせい
☆「全訂版　新　法律事務職員ハンドブック」株式会社ぎょうせい
　　（第二東京弁護士会編集）
☆「法律事務職員のための全訂版実務ハンドブック１」
　　法律会計特許一般労働組合，法律事務職員業務研修世話人会編集

（２）東京弁護士会のパソコン講座

　東京弁護士会では事務職員向けのパソコン研修講座を行っています。2001年は春秋各３回の講座を行いました。ご参考までに秋の３回の講座内容を紹介します。なお，パソコン研修の内容は年度によって変わりますので詳しくは会員発送のチラシやホームページ上のご案内をご参照いただくか，東京弁護士会司法調査課（TEL 03‐3581‐2207）にお問い合わせください。

［秋期講座第１回］　任意整理の実務とパソコン利用
　内容
　　　　1. 弁護士による講義
　　　　　（ア）　債務整理における職員の役割
　　　　　（イ）　具体的な作業範囲
　　　　　（ウ）　作業に使用するパソコンのソフト
　　　　　（エ）　困ったときの対処方法（具体的な事例）
　　　　　（オ）　Ｑ＆Ａ
　　　　2. 法律事務職員によるパソコンのデモンストレーション
　　　　　（ア）　作業の流れ　用意する文書
　　　　　　　　依頼者ファイルの管理方法等
　　　　　（イ）　エクセルの使用例

　　　　　(ウ)　債務整理君の使用例
　　　　　(エ)　インターネットバンキングの利用による送金代行
　　　　　(オ)　その他

[秋期講座第2回]　法律事務所の実務におけるパソコン利用
グループ①　初心者のための任意整理業務
　　　　　任意整理業務の流れと，エクセル，ワードの利用例
グループ②　初心者のための少額管財業務
　　　　　少額管財業務の最新情報の紹介とエクセルの基本的機能を使った管財シートやワードの差し込み印刷等の活用法
グループ③　経理業務　〜パソコンを使った経理にトライしたいかたへ〜
　　　　　弥生会計を例に会計ソフトの導入方法と，法律事務所の経理業務を実際にパソコン画面を見ながら，練習していきます。
グループ④　知りたい！「事件管理」の方法
　　　　　事件簿，依頼者管理について，EXCEL, ACCESS, FileMarker等で作成した実例を紹介
グループ⑤　エクセル中級講座
　　　　　基本的な関数と応用も含めた使用例。エクセルの便利な機能や使える関数の解説等々

[秋期講座第3回]　EXCEL・WORD　実機研修！
(1) 任意整理業務におけるEXCEL
　　任意整理業務に必要なEXCELを学びます。サンプルを元に利息計算・返済計画・預り金清算等，知っていると便利な関数の紹介を交えて実習。
(2) EXCEL／WORD特別講座
　　「差込印刷」を中心に，EXCELとWORDの活用法を実習。
(3) EXCEL中級（関数）
　　EXCELの関数の基本的な機能と応用も含めた使用例。IF関数を中心

に請求書の作成例などをベースに練習。

第4章
労働条件

　世間では弁護士は法律の専門家ですから，労働諸法規に精通していると思われています。ある法律事務所の労使紛争に関する裁判の判決理由のなかに「被告が法律専門家としての弁護士であって，労働関係に関連する諸法規や実務的取扱につき高度の専門的知識を有する者であること」という記載があります。しかし，残念ながら当会が実施している法律事務職員研修会のアンケートの中には自分の勤務する法律事務所の弁護士が労働基準法を知らないのではないかという意見も多く寄せられています。いうまでもなく，労働基準法はすべての法律事務所に適用され，最低の労働基準を法定したものでそれに違反すると刑罰を課せられる可能性があります。わたしたちは，法律事務所のなかでも社会正義と人権を擁護することが期待されています。

1 労働条件の明確化

　法律事務所にて生ずる労使問題の多くは，労働条件に関する取り決めが曖昧なままにされていることに原因があります。

　労働基準法（以下「労基法」という。）は，そのようなことが生じないように使用者に対して労働契約の締結に際し労働条件の明示義務を定めています（第15条第1項）。具体的に明示すべき事項は労働基準法施行規則（以下「労基則」という。）第5条第1項に規定されています（後記のとおり）。また，労働条件の明示方法は「書面の交付」であり労基則第5条第1項第1号ないし第4号に掲げる事項を文書にして交付することが必要です（労基則第5条第2項，第3項）。

　ところで労基法は，常時10人以上の労働者を使用する使用者に対して就業規則の作成義務を定めていますが（第89条），就業規則に定めるべき事項は労基則第5条に規定された事項とほとんど同一です。したがって，就業規則を作成・交付すれば労働条件明示義務を果たしたことになります。但し，労基則第5条第1項第1号，第4号は就業規則に定めがない場合がありますので，この場合にはその事項を書面にして交付しなければなりません。就業規則のモデルは本書の161頁以降に掲載されていますので参考にして下さい。労働者が10人以下の事務所

も就業規則を定めておいたほうがよいでしょう。

　これらの努力により、労働条件が不明確なために生ずる無用な行き違い、誤解を避けることができるでしょう。特に問題となるのは、
- ・年末年始の休日
- ・夏休み
- ・慶弔休暇の日数
- ・欠勤・遅刻・早退したときの賃金カット
- ・残業代の計算方法

などです。

《労働基準法施行規則第5条第1項》

　使用者が法第15条第1項前段の規定により労働者に対して明示しなければならない労働条件は、次に掲げるものとする。

　但し、第4号の2から第11号までに掲げる事項については、使用者がこれらに関する定めをしない場合においては、この限りではない。

一　労働契約の期間に関する事項

一の二　就業の場所及び従事すべき業務に関する事項

二　始業及び終業の時刻、所定労働時間を超える労働の有無、休憩時間、休日、休暇並びに労働者を2組以上に分けて就業させる場合における就業時転換に関する事項

三　賃金（退職手当及び第5号に規定する賃金を除く。以下この号において同じ。）の決定、計算及び支払の方法、賃金の締切り及び支払の時期並びに昇給に関する事項

四　退職に関する事項

四の二　退職手当の定めが適用される労働者の範囲、退職手当の決定、計算及び支払の方法並びに退職手当の支払の時期に関する事項

五　臨時に支払われる賃金（退職手当を除く。）、賞与及び第8条各号に掲げる賃金並びに最低賃金額に関する事項

六　労働者に負担させるべき食費，作業用品その他に関する事項

七　安全及び衛生に関する事項

八　職業訓練に関する事項

九　災害補償及び業務外の傷病扶助に関する事項

十　表彰及び制裁に関する事項

十一　休職に関する事項

事務職員からひとこと

《労働基準法の遵守》

　当たり前のことですが，労働条件を決めるにあたっては労働基準法を守っていただかなくては困ります。労働条件は明示しているけれども，実はそれが労基法にも反する内容だという例が結構あります。雇用の際「昼休みはない」「有給休暇はない」と平然とおっしゃる弁護士さんもいらっしゃいます。もちろん，少人数の職場ですので，休憩や休暇取得によっての影響が大きいことは十分承知しておりますが，労基法の定める労働条件を守ることは，雇用主としての当然の義務ですので，ぜひ守っていただきたいと思います。留守番電話の利用等工夫をされている事務所もあります。特に「有給休暇が取りにくい（ない）」「昼休みがとれない」「残業代が支給されない」等の不満が数多く寄せられています。

2 労働条件の主なポイント

　多くの法律事務所では事務職員が一人ないし数人で極めて少ないことから労基法の定める最低基準を守ることは容易でないことは事実ですが，しかし私たちはさまざまな工夫をして法を遵守・尊重することが必要です。

①年次有給休暇（第39条）
　法は6ヵ月間継続勤務し全労働日の8割以上勤務した者に対して10日間の年休を与えること，下の表のとおりその後1年を経過するごとに日数を加え最高20日間の年休を与えることを定めています。
　しかし，事務職員からは年休を取れない，取りずらいという声があります。「事業の正常な運営を妨げる場合」を除いて，請求した日に与えなければなりません。初めから年休のために休むことを覚悟する必要があります。なお，労働者の過半数で組織する労働組合（ない場合には労働者の過半数を代表する者）との書面協定により，年休の5日を越える部分について計画年休（あらかじめ予定した年休日）として指定して与えることができます。

年次有給休暇の付与日数

雇い入れからの継続勤務期間	付与日数
6ヵ月	10日
1年6ヵ月	11日
2年6ヵ月	12日
3年6ヵ月	14日
4年6ヵ月	16日
5年6ヵ月	18日
6年6ヵ月以上	20日

短時間労働者の年休付与日数

週所定労働日数	1年間の所定労働日数	雇入れの日から起算した継続勤労期間						
		6ヵ月	1年6ヵ月	2年6ヵ月	3年6ヵ月	4年6ヵ月	5年6ヵ月	6年6ヵ月以上
4日	169日〜216日	7日	8日	9日	10日	12日	13日	15日
3日	121日〜168日	5日	6日	6日	7日	9日	10日	11日
2日	73日〜120日	3日	4日	4日	5日	6日	6日	7日
1日	48日〜 72日	1日	2日	2日	2日	3日	3日	3日

②労働時間（第32条）と休日（第35条）

　平成9年4月から，すべての法律事務所において週40時間を超えて労働者を労働させてはならないことになりました。1日8時間の制約もあります。1日8時間が所定労働時間の法律事務所では土日は休みとして取り扱う必要があります。

　休みの日に出勤をもとめたときは，土曜日については125％の時間外割増賃金を，日曜日には法の定める休日労働として135％の休日割増賃金を支払う義務があります。

アンケートから

有給休暇

＊有給休暇が，遠慮せず，自由に使えるようにしてほしい。

＊当事務所には有給休暇の規程がないため，休みが取りづらいのが難点です。正社員として勤続16年ですが，16年間を通し，休みを取ったのは平均年5日くらいで，それも，出勤できないほど体調が悪いとか子供が病気になりやむを得ず休みが殆どで，遊びのため（旅行等）に数日取ったということはありません（1日だけいただいたことは過去に2〜3回ありますが…）。やはり規程がないため，旅行等のための長期の休みが取りづらいのです。

③時間外の割増賃金（第37条）

　事務職員が法律事務所内にいて仕事をしているかぎり所定労働時間を超えた場合には当然割増賃金の対象となります。所定労働時間が8時間以内のときは8時間に至るまでの残業時間は100％，8時間を超えた残業時間は125％の割増となります。

　「サービス残業」と言われる不払い残業のないように，「労働時間の適正な把握のために使用者が構ずべき措置に関する基準について」（2001年4月6日，基発339号）が出され，「労働者の労働日ごとの始業・終業時刻を確認し，これを記録すること」が定めれました。法律事務所でもタイムカードや記帳などにより，日々の労働時間の管理を正確に行うことが求められています。同時に，残業時間の単位を30分とか1時間と労使で明確にしておくことも工夫の一つです。

④休憩時間（第34条）

　労働時間が6時間を超える場合は45分，8時間を超える場合は1時間の休憩時間を労働時間の途中に与える必要があります。この休憩時間は一斉に与えること，労働者の自由に利用させることが定められています。

　通常は，昼休みとして昼食時間が休憩時間となっています。昼休みの時間に電話応対や接客をしないですめば良いのですが，なかなか難しいとこ

アンケートから

休憩時間――昼休み

＊小さい事務所なので仕方ないのかと思いますが，就業規則の提示もなく，だらだらとしているところが気になります。事務員が私一人なので，郵便局や銀行などの外出の仕事は，昼休みにやるように言われ，実際休めるのは，わずかな時間になってしまいます。正社員なのに，労働条件は，アルバイトと同じです。

＊昼休みは12時〜1時だが，その間も電話対応，接客があるため十分に休みを取れない。有休もあるがなかなか取れない（忙しいため取りにくい）状況です。

ろです。昼当番をおくとか休憩時間をずらして交代で休憩するなどの工夫が必要です。

⑤**母性保護規定等**

女性の出産に伴う休暇（第65条），育児時間（第67条），生理休暇（第68条）等の母性保護規定は必要不可欠な制度として規定されています。また，育児休業及び介護休業について使用者の義務が法定されています（育児休業，介護休業等育児又は家族介護を行う労働者の福祉に関する法律）。この内容は次のとおりです。

育児休業制度，介護休業制度比較表

〔　〕は省令事項

		育児休業制度	介護休業制度
休業制度	休業の定義	労働者が，その1歳に満たない子を養育するためにする休業	労働者が，その要介護状態（負傷，疾病又は身体上若しくは精神上の障害により，〔2週間以上の期間〕にわたり常時介護を必要とする状態）にある対象家族を介護するためにする休業
	対象労働者	○労働者（日々雇用及び期間雇用を除く） 労使協定で対象外にできる労働者 ・雇用された期間が1年未満の労働者 ・配偶者が，子を養育できる状態である労働者 ・1年以内に雇用関係が終了する労働者 ・週所定労働日数が2日以下の労働者 ・配偶者でない親が，子を養育できる状態である労働者	○労働者（日々雇用及び期間雇用を除く） 労使協定で対象外にできる労働者 ・雇用された期間が1年未満の労働者 ・3月以内に雇用関係が終了する労働者 ・週所定労働日数が2日以下の労働者
	対象となる家族の範囲	○子	○配偶者（事実婚を含む。以下同じ。） 父母及び子 〔同居し，かつ，扶養している祖父母，兄弟姉妹及び孫〕 配偶者の父母

		育児休業制度	介護休業制度
休業制度	期間・回数	○子が1歳に達するまでの連続した期間 ○子1人につき1回	○連続した3月（勤務時間の短縮等の措置が講じられている場合はそれとあわせて3月）以内の期間 ○対象家族1人につき1回
休業制度	手続	○〔書面で〕事業主に申出 ・事業主は，証明書類の提出を求めることができる ○申出期間（使用者による休業開始日の繰下げ可能期間）は，1か月（ただし，出産予定日前に子が出生したこと等の事由が生じた場合は1週間前まで） ○出産予定日前に子が出生したこと等の事由が生じた場合は1回に限り開始予定日の繰上げ可 ○〔1か月前の日までに〕申し出ることにより，1回に限り終了予定日の繰下げ可 ○休業開始予定日の前日までに申出撤回可 ○上記の場合原則再度の申出不可	○〔書面で〕事業主に申出 ・事業主は，証拠書類の提出を求めることができる ○申出期間（使用者による休業開始日の繰下げ可能期間）は，2週間 ○〔2週間前の日までに〕申し出ることにより，3月の範囲内で1回に限り終了予定日の繰下げ可 ○休業開始予定日の前日までに申出撤回可 ○上記の場合その後の再度の申出は，1回は可
休業制度	解雇制限	休業申出をし，又は休業をしたことを理由とする解雇の禁止	休業申出をし，又は休業をしたことを理由とする解雇の禁止
深夜業を制限する制度	制限の内容	小学校就学の始期に達するまでの子を養育する労働者がその子を養育するために請求した場合においては，事業主は午後10時〜午前5時（「深夜」）において労働させてはならない	要介護状態にある対象家族を介護する労働者がその対象家族を介護するために請求した場合においては，事業主は午後10時〜午前5時（「深夜」）において労働させてはならない
深夜業を制限する制度	対象労働者	○小学校就学の始期に達するまでの子を養育する労働者。ただし，以下に該当する労働者は請求できない。 1　日々雇用されている労働者 2　勤続1年未満の労働者 3　保育ができる同居の家族がいる労働者 保育ができる同居の家族とは，16歳以上であって イ　深夜に就業していないこと（深夜の就業日数が1月について3日以下の者を含む）	○要介護状態にある対象家族を介護する労働者。ただし，以下に該当する労働者は請求できない。 1　日々雇用されている労働者 2　勤続1年未満の労働者 3　介護ができる同居の家族がいる労働者 介護ができる同居の家族とは，16歳以上であって イ　深夜に就業していないこと（深夜の就業日数が1月について3日以下の者を含む）

		育児休業制度	介護休業制度
深夜業を制限する制度		ロ 負傷，疾病又は心身の障害により保育が困難でないこと ハ 産前産後でないことのいずれにも該当する者をいう。 4 1週間の所定労働日数が2日以下の労働者 5 所定労働時間の全部が深夜にある労働者	ロ 負傷，疾病又は心身の障害により介護が困難でないこと ハ 産前産後でないことのいずれにも該当する者をいう。 4 1週間の所定労働日数が2日以下の労働者 5 所定労働時間の全部が深夜にある労働者
	回数・期間	○1回の請求につき1月以上6月以内の期間 ○請求できる回数に制限なし	○1回の請求につき1月以上6月以内の期間 ○請求できる回数に制限なし
	手　続	○開始の日の1月前までに請求	○開始の日の1月前までに請求
	適用除外	○事業の正常な運営を妨げる場合は，事業主は請求を拒める	○事業の正常な運営を妨げる場合は，事業主は請求を拒める
勤務時間の短縮等の措置		○1歳に満たない子を養育する労働者（日々雇用を除く）で育児休業をしないものに関して，次の措置のいずれかの設置義務 ・短時間勤務の制度 ・フレックスタイム制 ・始・終業時刻の繰上げ・繰下げ ・所定外労働をさせない制度 ・託児施設の設置運営その他これに準ずる便宜の供与	○常時介護を要する対象家族を介護する労働者（日々雇用を除く）に関して，連続する3月（介護休業した期間があればそれとあわせて3月）以上の期間における次の措置のいずれかの設置義務 ・短時間勤務の制度 ・フレックスタイム制 ・始・終業時刻の繰上げ・繰下げ ・労働者が利用する介護サービスの費用の助成その他これに準ずる制度
その他の措置		○1歳から小学校就学の始期に達するまでの子を養育する労働者に関して，休業制度又は勤務時間短縮等の措置に準じて，必要な措置を講ずる努力義務	○その家族を介護する労働者に関して，休業制度又は勤務時間短縮等の措置に準じて，その介護を必要とする期間，回数等に配慮した必要な措置を講ずる努力義務
施　行　日		平成4年4月1日（30人以下の事業所は平成7年4月1日） 　深夜業を制限する制度については平成11年4月1日	平成11年4月1日（平成7年10月1日から平成11年3月31日までは努力義務） 　深夜業を制限する制度については平成11年4月1日

労働省「育児・介護休業法のあらまし」

⑥健康診断

　事務職員を使用している弁護士は労働安全衛生法66条により医師による健康診断を行うことが義務づけられています。弁護士会で実施している健康診断を活用しましょう。

> **アンケートから**
>
> 健康診断
> ＊一番要望したいのは健康診断を受診する機会を法律事務所に持ってほしいことです。当事務所に勤務して以降、1回も受診したことがない。（注：勤続7年）

（吹き出し・女性）来週の木・金と2日間年休をとります。

（吹き出し・男性）年休は労働者の権利です。ゆっくりと休んでください。

③ セクシャル・ハラスメント

　法律事務職員のアンケートのなかに，仕事中にそばに来て弁護士が身体を触る，食事に執拗に誘う，などセクシャル・ハラスメントと言わざるを得ない訴えが目につきます。
　既に，いくつもの判例でセクシャル・ハラスメントに関して債務不履行，使用者責任を根拠に他の事例に比して高額の損害賠償額が認容されていることはご存じだと思います。言うまでもなく，事務職員，同僚弁護士だけでなく，依頼者や司法修習生との関係でも弁護士が加害者や被告になることは許されないでしょう。

①事業主の配慮義務

　均等法（雇用の分野における男女の均等な機会及び待遇の確保等に関する法律）第21条は，事業主に対してセクハラが生じないよう雇用管理上必要な配慮を行うことを義務付けています。この配慮事項に関しては指針（1998年3月13日労働省告示20号，大六法に掲載されています）がだされています。

②セクシャル・ハラスメントの内容

　相手方の意に反する性的な言動で，それに対する女性の対応によって労働条件に不利益を受けたり（不利益型），就業環境が害されること（環境型）です。
　また，セクシャル・ハラスメントの形態は，
　　・言葉（誘い，うわさ）
　　・視覚（ポスター）
　　・行動（触る，じっと見る，レイプ）
等多様です。

③弁護士としての社会的責任

弁護士に関しては事件の依頼を受けている関係で，事務所に限定されず，依頼者宅，接待の席や出張先，勤務時間外の宴会・飲み会等でも，弁護士会・修習生との関係でも広くセクシャル・ハラスメントに関して社会的責任を問われると考えるべきでしょう。

参考のために，第二東京弁護士会が作成した「セクシャル・ハラスメントをなくすために会員及び勤務者が認識すべき事項に関する指針」の必要部分を掲載します。

**セクシュアル・ハラスメントをなくすために
　　会員及び勤務者が認識すべき事項に関する指針**

　　　　　　　　　　　　　　　　　　　制定　平成13年1月29日

第一　セクシュアル・ハラスメントを防止するため会員及び勤務者が認識すべき事項

一　意識の重要性

　本会は，セクシュアル・ハラスメントを防止するためには会員及び勤務者各自が次の事項を認識することが重要であることを確認し，積極的にそのような認識を持つことを奨励する。

1　何人も，性別によらず，その人格全体と個性が尊重されるべきであること。
2　職場において女性勤務者と男性勤務者は，対等な働き手であること。
3　職場で他者を性的な対象としてのみ見ることが不適切であること。
4　人の性別に基づき，固定的な役割分担をさせることが不適切であること。

二　基本的な心構え

　　会員及び勤務者は，セクシュアル・ハラスメントを防止するため，次の事項を十分認識しなければならない。
　1　性的言動に対する受けとめ方には，男女間や個人間に差があり，セクシュアル・ハラスメントに当たるか否かについては，相手の判断が重要である。具体的には，次の点に注意しなければならない。
　（一）　親しさを表すつもりの言動であったとしても，行為者の意図とは関係なく相手を不快にする場合があること。
　（二）　不快に感じるか否かには，個人差があること。
　（三）　この程度のことは相手も許容するだろうという勝手な憶測は決してしてはならないこと。
　（四）　相手と良好な人間関係ができていると勝手な思いこみは決してしてはならないこと。
　2　相手が拒否し，又は嫌がっていることが分かった場合には，同じ言動を決して繰り返さないこと。
　3　セクシュアル・ハラスメントであることについて，相手からいつも意思表示があるとは限らないこと。
　　　例えば，セクシュアル・ハラスメントを受けた者が，
　　　　・職場の人間関係
　　　　・弁護士と司法修習生
　　　　・弁護士と相談者
といった力関係を考え，拒否することができないなど，相手からいつも明確な意思表示があるとは限らないことを十分認識する必要がある。
　4　職場におけるセクシュアル・ハラスメントだけに注意するのでは不十分であること。
　　　例えば，職場の人間関係がそのまま持続する歓迎会の酒席のような場において，会員ないし勤務者が他の勤務者にセクシュアル・ハラスメントを行うことは，職場の人間関係を損ない勤務環境を害す

るおそれがあることから，勤務時間外におけるセクシュアル・ハラスメントについても十分注意する必要がある。
5 　勤務者間に対するセクシュアル・ハラスメントにだけ注意するのでは不十分であること。
　司法修習生，法律相談等で本会を訪問した者等，会員や勤務者がその職務に従事する際に接することになる勤務者以外の者との関係にも注意しなければならない。

三　セクシュアル・ハラスメントになり得る言動
　セクシュアル・ハラスメントになり得る言動として，例えば，次のようなものがある。
1 　職場内外で起きやすいもの
　（一）　性的な内容の発言
　　（1）　身体的特徴や容姿の良し悪しなどを話題にすること。
　　（2）　性的な冗談を交わすこと。
　　（3）　体調が悪そうな女性に「今日は生理日か」，「もう更年期か」などと言うこと。
　　（4）　性的な経験や性生活について質問すること。
　　（5）　性的な噂を立てたり，性的なからかいの対象とすること。
　（二）　性的な行動
　　（1）　性的な写真や記事が載っている雑誌等を広げて読んだり，パソコンのスクリーンに卑わいな写真を映し出したりすること。
　　（2）　体を執拗に眺めること。
　　（3）　食事やデートにしつこく誘うこと。
　　（4）　性的な内容の電話をかけたり，性的な内容の手紙やＥメールを送ること。
　　（5）　体に不必要に接触すること。

（6）　トイレや更衣室等を覗くこと。
　（三）　性別により差別しようとする意図に基づくもの
　　　（1）　「男のくせに根性がない」,「女には仕事を任せられない」,「女性は職場の花でいてほしい」などと発言すること。
　　　（2）　「男の子，女の子」,「おまえ，僕，坊や，お嬢さん」,「おじさん，おばさん」,「じじい，ばばあ」などと他人を失礼な呼び方で呼ぶこと。
　　　（3）　不必要に「女の修習生」,「女の職員」などと，語頭に性別を付けること。
　　　（4）　女性はお茶くみ，男性は外回りなどと，性別による役割分担をすること。
2　主に職場外において起きやすいもの
　　（1）　性的な関係を強要すること。
　　（2）　カラオケでのデュエットを強要すること。
　　（3）　酒席で，女性の勤務者の座席を男性の上司の隣に指定したり，お酌やダンスを強要すること。

アンケートから

私たちのことも考えてよ！

＊労働条件に不満があります。弁護士は職業柄法律に基づいた労働条件で雇用してほしいと思います。退職金，有休，賃金等，全くうやむやで，内情は全然気にならないようです。外では「法的には…」と相談を受け，きちんと回答をしているようですが，「うちの事務所は別」と考えているようで，「家」と「事務所」が一緒のような，公私混同もいいところです。

＊個人事務所が多く，他に監督機関もないことから，あまりにも弁護士個人の考え方次第で労働条件が違い過ぎるのは不満です。従業員が気持ち良く働けなければ，雇用主が気持ち良く仕事ができるはずがない！　と思いますが…。国民健康保険に国民年金で，何の保障も得られません。また，健康診断も勧められず（弁護士本人は行っている），高熱でも休むことは許されず，個人的な役所での書類等も働いている以上取りに行くことができません。夏休みは何とかもらえますが，すべて弁護士の予定が最優先で，私の取りたい時に取れることはなく，ましてやそれ以外の休みなど取れない状況なのに，弁護士は海外旅行に好きに行ったりしています。また，結婚する際には文句を言われ，暗に辞めろというようなことも言われたので，出産となったら，辞めるしかなさそうなのが今の世の中最も理不尽だと思います。

4 賃金一時金等について

　賃金一時金に関してはひとり法律事務所だけが世間の動向と無関係にあるというわけにもいきません。社会常識に反しないことを心掛ける必要があります。

①**賃金引き上げ**

　世間では毎年春に物価上昇や景気の動向等を総合的に判断して賃上げが行われています。もちろん，各法律事務所により事件収入や経費の多寡はありますが，事務職員が弁護士に面と向かって賃上げを求めることには相当の勇気がいると言われています。弁護士の側から世間相場に相応しい額または率の賃上げを検討して提案する位の度量が求められています。例年，春闘相場としてマスコミ等で報道されていますので参考にするとよいでしょう。

②**一時金**

　現在のところ，多くの企業が年末と夏に一時金を出すことがTV等のニュースになります。法律事務所の事務職員がその期待を持つのは当然です。できれば，契約時にその基準を明確にしておいたほうがよいでしょう。例えば，夏は基本給の〇ヶ月，冬は〇ヶ月を原則とするなどど明示してください。そのうえで，世間の動向を注視して適切な配慮をしてください。そのための原資を予定することが肝要です。

③**退職金**

　退職金については，3年以上から勤続1年につき基本給×勤続年数というのがだいたいの世間相場のようです。そのための原資も必要ですので中退共（43頁参照）等の制度を活用してください。

アンケートから

賃　金

＊弁護士一人，事務員一人なので賃金引き上げについては言いにくく，またあげて欲しい，と言ってもここ2年間は賃金の引き上げはない。また有休も弁護士の留守の時は事務所にいなければならず，少しくらい具合が悪くても我慢しなければならない。

＊賃金のベースアップをしてほしい。親と同居していても，貯蓄にまわせる余裕はない。弁護士事務所の待遇がこんなに悪くていいのですか。なぜこれで今まで許されているのか不思議です。

5 雇用の終了

①解雇に関する基準・判例法

　労基法は，現在のところ原則として，1年以内の有期雇用以外は期間の定めのない契約としています（第14条）。そして，期間の定めのない契約の労働者については「解雇権濫用の法理」として正当な事由（たとえば懲戒解雇せざるを得ない特別の事情があるときや心身の障害により労働能力を喪失したときなど）の存在しない解雇は解雇権濫用として違法，無効となるという判例が確立しています。

　弁護士一人の事務所では弁護士の死亡等により，あるいは共同事務所でも構成員の変動等により，法律事務所の閉鎖や解散が問題となりますがこの場合には「整理解雇の4要件」という確立した判例法が適用されます。

②定年制と定年延長問題

　有能な職員は勤続が永くなり気がついたら定年が問題になる事例が少なくありません。この時に，制度として定年制が定められていないと紛争になる可能性があります。

　また，定年制はこれまで60歳が平均的でしたが，公的年金の支給開始年齢が65歳に移行するに従い，定年延長や定年退職後の再雇用・嘱託制度などが，公務員や民間大企業でも定着しつつあります。60歳を超えた事務職員の能力や経験，そして働く意欲や体力など個別性が大きいことは言うまでもありません。しかし，一律に60歳定年で雇用が終了したとは言いにくい時代です。週3日の勤務や特定の業務・事件の委託契約など様々なバリエーションもあり得ます。定年以前に当事者と十分な協議が必要です。

③話し合いによる解決を

　事務職員の少ない人数の法律事務所で気に入らない事務職員と顔を突き

合わせていることは大変苦痛であると同時に不効率です。しかし，一度採用した職員を「解雇」することにも相当なエネルギーが必要とされるのが一般的です。そのため，退職金とは別に数カ月分の給与の支払いをするので退職してほしいと申し出るなど話し合いによる解決を検討してください。

④解雇の手続に関する定め

労働者を解雇する場合には少なくとも30日前に予告すること，それをしない場合には30日分以上の平均賃金を支払わなければなりません（労基法第20条第1項）。懲戒解雇の場合には予告手当の支払いが不要となりますが，それには労働基準監督署長の認定が必要です。

また，労働者が証明書を請求したときは，

・使用期間
・業務の種類
・その事業における地位
・賃金又は退職の事由（退職の事由が解雇の場合に当たっては，その理由を含む）

を，遅滞なく書面で交付することが義務付けられています（労基法第22条第1項）。この「退職（解雇）の理由」は，単に就業規則の解雇条項の何条に違反すると言うだけでなく，「就業規則の当該条項の内容及び当該条項に該当するに至った事実関係」を記載する必要があります（1999年1月29日，基発45号）。

事務職員からひと言

《解雇について》

　小規模な職場，雇用関係のルールが確立していない職場としての悪い面が最も特徴的に現れるのが解雇の問題です。これまでに生じた事例の中でも特に悪質なものとしては次のようなものが実例としてありました。

　たまたま自分の意にそぐわないことがあったことに腹を立て，一方的かつ感情的に解雇する事例で，たとえば弁護士の勘違いで事務処理上のミスと誤解され，その誤解に対し説明しようとしたために「口答えして生意気だ」と解雇された例，些細なことで激高して事務職員を突き飛ばした上解雇した例などがありました。

　有給休暇，産前産後休暇等申請，残業代の請求等の当然の権利を主張したために「生意気だ」と解雇された例や，産休を申請して解雇された例，妊娠しても勤め続けようとする事務職員に過酷な労働を命じて退職を強要した例などがあります。

　また労働組合への加入や組合活動を敵視した明らかな不当労働行為といえる事例もあり，相談を受け労働組合が団体交渉の申し入れをしたために「信頼関係が崩された」として解雇通告された例や露骨な嫌がらせをして退職に追い込まれた例などもありました。

　これらに共通するのは，事務職員は自分に隷属するものであるという誤った認識，対等な労使関係を認めない大変わがままな雇用主としての姿勢です。当然労働組合からは，毅然とした対応がなされますので，結果的には弁護士としての社会的信頼を著しく損なうことになりかねません。

6 非正規労働者に関わる諸問題

　法律事務所でも，正規の事務職員にとどまらず，アルバイト・臨時職員・嘱託・派遣など非正規の職員が増大しています。このような職員に対して，正規ではないからという理由だけで，様々な格差を正当化できるわけではありません。

①**労働条件の文書交付による明示を**

　既に本章①にて述べましたが，非正規職員に関しても，やはり契約期間や労働条件等が不明確なために，様々な問題が生じています。労基法第15条第1項に従い，文書を作成交付することによって労働条件等を明示し，問題発生を未然に防ぐことが必要であり，かつ義務であります。

②**労働条件の差別は許されない**

　非正規の労働者といえども，労基法の適用される労働者であり，法定された権利上の格差は許されません。ただ，勤務日数が少ない場合には，それに応じた有給休暇の日数が減少されることになります（労基法第39条第3項，100頁の表参照）

　賃金に関しても，正規の職員と同じ仕事を担当している場合には，同一労働同一賃金の原則から，正当な根拠のない格差は許されないと言えます。

③**解雇に関する判例法の類推**

　労基法第14条に従い，1年以内の期間を定めて雇用する場合に，最初から更新を予定して採用する場合やそうではないが更新手続きもしないまま長期間雇用が継続した場合には，解雇には正当な事由が必要であるとするいわゆる「解雇権濫用の法理」が類推されるというのが確立した判例法です。

7 労働組合との対応の基本的原則

　法律事務職員も労働者ですから、憲法第28条で保障された労働基本権を有し、労働組合に加入することは自然なことです。弁護士会の職員で組織されている労働組合が結成されていますし、法律事務所等の職員を中心にして組織されている労働組合に限らず、一人でも入れる組合が増えています。

　法律事務所や弁護士が、憲法上の権利を侵害したり、不当労働行為などと批判されることは避けるべきでしょう。以下基本的な問題について、念のため説明します。

①**労働基本権の内容**

　憲法第28条は労働基本権として3つの権利を保障しています。団結権（組合を作り加入する権利）、団体交渉権（使用者と団体交渉をする権利）、団体行動権（ストライキ権及び組合として行う表現・宣伝等の諸活動）です。

　憲法28条に基づき労働組合法（以下「労組法」という。）が定めれています。労働組合の活動には、刑事免責（労組法第1条第2項）及びストライキを行った場合の民事免責（労組法第8条）が規定されています。しかし、暴力の行使は、刑事免責はありませんし、違法な活動に関しては損害賠償請求ができるのはいうまでもありません。

②**不当労働行為とは**

　労働組合を認めず敵視し嫌悪して、労働組合の活動を妨害したり、組合員個人に対する不利益な措置をとるなどをすると、東京都地方労働委員会に不当労働行為として救済命令の申立をされることになります。労働委員会は、独立行政委員会として、対審構造で審理をした上、使用者に不当労働行為に対する原状回復や謝罪など必要な措置を命ずることができます。

この命令等に不服なものは，中央労働委員会への再審査申立や東京地方裁判所に行政命令取消訴訟を提起することができます。

不当労働行為の内容は，攻撃の対応に従い千差万別ですが，主として組合加入や組合員であるが故の不利益取り扱い（労組法第7条第1号），団体交渉拒否（第2号），組合に対する支配介入（第3号）等の形態に分かれます。

【不当労働行為の実例】
(1) 組合員であるが故の不利益取り扱い
　a. 採用段階
　　組合に加入していないこと，組合を脱退することを採用の条件にすること
　b. 労働条件の差別
　　賃金の差別，労働時間の差別，年休の付与の差別などあらゆることが対象となる
　c. 仕事上の差別
　　特定の業務をさせない，特定の業務しかさせないこと
　d. 処分など
　　通常では懲戒の事由に該当しないのに，出勤停止や減給等の処分を行うこと
　e. 契約の終了
　　組合員であるが故に退職強要や解雇を行うこと
(2) 組合への支配介入
　a. 組合結成
　　組合の中心メンバーに対する脱退強要，解雇，不利益処分
　　組合に対抗する組織（第2組合，親睦会等）に対する結成援助
　b. 組織・人事への介入
　　組合員資格・範囲を一方的に限定する，役員選挙での特定候補の擁立援助，投票依頼
　c. 組合運営への介入
　　役員に対する不利益取り扱い，組合からの脱退勧奨，役員への処分・警告，

第4章　労働条件

　　　　施設利用の否定など
　　　d. 対抗団体の優遇
　　　　複数組合併存の場合にある労働組合だけ，組合活動や労働条件を優遇すること
　　　　同一組合内であってもあるグループだけ，組合活動や労働条件を優遇すること
　　　e. 組合に対する誹謗中傷
　　　　組合に対する特定の見解や批判を公表し，組合を誹謗中傷すること

③労働組合との団体交渉

　事務職員が労働組合に加入しますと，まずその組合から当該事務職員が労働組合に加入した旨の通知文書とその労働組合の要求書が届けられます。多くの場合，組合役員が複数で面談を求めてきます。本人が同行することもあります。この場合，時間がなければ短時間で対応し，時間的に余裕のある日時を定め，出直してもらうことが賢明です。労働組合と言うだけで面会を断ることは適切とは言えないことが多いでしょう。

　また，労働組合側も，取りあえず短時間で通知と挨拶をして，詳しい話は別途団体交渉にて行いましょうと団体交渉申入書をもって来ることも少なくありません。この場合も，時間的に余裕のある日時を協議して定めて下さい。

　しかし，この団体交渉の申し入れを正当な事由がなく拒否しますと，不当労働行為（労組法第7条第2号）に該当する違法な行為になります。ですから，労働組合と交渉して適切かつ妥当な解決をめざしてください。

　労働組合との団体交渉に於いては，誠実に話し合い，賃上げに関する必要な資料などは納得を得るために提示する義務がありますが，相手の要求を認めるかどうかは自由です。和解交渉と同じですが，譲れるものと譲れないものとを明確にして，対等な立場で対応してください。誠意を持って交渉しても，両者の主張が対立し，回数を重ねても一致しないときは，団体交渉義務は尽くされたことになり，消滅します。

資料編

1. 東京都の社会保険事務所

社会保険事務所等の名称	所管区域	(〒)	所在地	電話
(荒川区)	荒川区	116-0012	荒川区東尾久5-11-6	03 (3800) 9151
麹町	千代田区のうち飯田橋、一番町、内幸町、大手町、霞が関、紀尾井町、北の丸公園、九段北、九段南、皇居外苑、麹町、五番町、三番町、千代田、永田町、二番町、隼町、一ツ橋一丁目、日比谷公園、平河町、富士見、丸の内、有楽町、四番町及び六番町	102-8337	千代田区三番町22	03 (3265) 4381
神田	千代田区（麹町社会保険事務所管内の地域を除く）	101-8345	千代田区猿楽町2-7-8	03 (5280) 2811
日本橋	中央区（京橋社会保険事務所管内の地域を除く）	103-8270	中央区日本橋1-7-9	03 (3281) 5811
京橋	中央区のうち明石町、入船、勝どき、京橋、銀座、新川、新富、築地、月島、佃、豊海町、八丁堀、浜離宮庭園、晴海、湊及び八重洲2丁目	104-8175	中央区銀座7-13-8	03 (3543) 1411
港	港区、大島支庁管内、三宅支庁管内、八丈支庁管内、小笠原支庁管内	105-8513	港区浜松町1-10-14 住友東新橋ビル3号館	03 (5401) 3211
新宿	新宿区	169-8601	新宿区大久保2-12-1	03 (5285) 8611
杉並	杉並区	166-8550	杉並区高円寺南2-54-9	03 (3312) 1511
中野	中野区	164-8656	中野区中野2-4-25	03 (3380) 6111
上野	台東区	110-8660	台東区根岸2-19-19	03 (3876) 1141
文京	文京区	112-8517	文京区千石1-6-15	03 (3945) 1141
墨田	墨田区	130-8586	墨田区立川3-8-12	03 (3631) 3111
江東	江東区	136-8525	江東区亀戸5-16-9	03 (3683) 1231

社会保険事務所等の名称	所管区域	（〒）	所在地	電話
江戸川	江戸川区	132-8502	江戸川区中央3-4-24	03（3652）5106
品　　川	品川区	141-8572	品川区大崎5-1-5	03（3494）7831
蒲　　田	大田区のうち蒲田、蒲田本町、北糀谷、下丸子、新蒲田、多摩川、仲六郷、西蒲田、西糀谷、西六郷、萩中、羽田、羽田旭町、羽田空港、東蒲田、東糀谷、東矢口、東六郷、本羽田、南蒲田、南六郷及び矢口	144-8530	大田区蒲田4-25-2	03（3733）4141
大　　森	大田区（蒲田社会保険事務所管内の地域を除く）	143-8516	大田区山王2-5-9	03（3772）8321
渋　　谷	渋谷区	150-8334	渋谷区神南1-12-1	03（3462）1241
目　　黒	目黒区	153-8905	目黒区上目黒1-12-4	03（3770）6421
世田谷	世田谷区	154-8555	世田谷区世田谷1-30-12	03（3429）0111
池　　袋	豊島区	171-8567	豊島区南池袋2-17-2	03（3988）6011
北	北区	114-8567	北区上十条1-1-10	03（3905）1011
板　　橋	板橋区	173-8608	板橋区板橋1-47-4	03（3962）1481
練　　馬	練馬区	177-8510	練馬区石神井町4-27-37	03（3904）5491
足　　立	足立区	120-8580	足立区綾瀬2-17-9	03（3604）0111
葛　　飾	葛飾区	124-8512	葛飾区立石3-7-3	03（3695）2181
立　　川	立川市、青梅市、昭島市、国立市、福生市、東大和市、武蔵村山市、あきる野市、羽村市、西多摩郡	190-8580	立川市錦町2-12-10	042（523）0351
八王子	八王子市、町田市、日野市、多摩市、稲城市	192-8506	八王子市南新町4-1	0426（26）3511
武蔵野	武蔵野市、三鷹市、小平市、東村山市、清瀬市、東久留米市、西東京市	180-8621	武蔵野市吉祥寺北町4-12-18	0422（56）1411
府　　中	府中市、調布市、小金井市、国分寺市、狛江市	183-8505	府中市府中町2-12-2	042（361）1011

2. 東京都の労働基準監督署

労働基準監督等の名称	所管区域	(〒)	所在地	電話
中央労働基準監督署	中央区、千代田区、文京区、大島町、八丈町、利島村、新島村、神津島村、三宅村、御蔵島村、青ヶ島村	102-8085	千代田区九段南1-15-1 九段第二合同庁舎12階	03（3201）1942
上野労働基準監督署	台東区	110-0008	台東区池ノ端1-2-22 上野合同庁舎7階	03（3828）6711
三田労働基準監督署	港区	108-0014	港区芝5-35-1 産業安全会館3階	03（3452）5471
品川労働基準監督署	品川区、目黒区	141-0022	品川区東五反田2-6-17	03（3443）5741
大田労働基準監督署	大田区	144-8506	大田区蒲田本町2-32-16	03（3732）0171
渋谷労働基準監督署	渋谷区、世田谷区	150-0041	渋谷区神南1-3-5 渋谷神南合同庁舎	03（3780）6581
新宿労働基準監督署	新宿区、中野区、杉並区	160-0023	新宿区西新宿7-5-25 西新宿木村屋ビル	03（3361）2500
池袋労働基準監督署	板橋区、練馬区、豊島区	171-8502	豊島区池袋4-30-20 豊島地方合同庁舎	03（3971）1256
王子労働基準監督署	北区	115-0045	北区赤羽2-8-5	03（3902）6003
足立労働基準監督署	足立区、荒川区	120-0026	足立区千住旭町4-21 足立地方合同庁舎	03（3882）1187
向島労働基準監督署	墨田区、葛飾区	131-0032	墨田区東向島4-33-13	03（3614）4141
亀戸労働基準監督署	江東区	136-8513	江東区亀戸2-19-1 カメリアプラザ8階	03（3685）5121
江戸川労働基準監督署	江戸川区	132-0022	江戸川区大杉1-16-1	03（3654）2391
八王子労働基準監督署	八王子市、日野市、多摩市、稲城市	192-0046	八王子市明神町3-8-10	0426（42）5296

労働基準監督等の名称	所管区域	（〒）	所　在　地	電　話
立川労働基準監督署	立川市、昭島市、府中市、小金井市、小平市、東村山市、国分寺市、国立市、東大和市、武蔵村山市	190-8516	立川市錦町4-1-18 立川合同庁舎	042（523）4471
青梅労働基準監督署	青梅市、福生市、あきる野市、羽村市、西多摩郡	198-0042	青梅市東青梅2-6-2	0428（22）0285
三鷹労働基準監督署	三鷹市、武蔵野市、調布市、狛江市、清瀬市、東久留米市、西東京市	181-0013	三鷹市下連雀3-2-11	0422（48）1161
八王子労働基準監督署町田支署	町田市	194-0022	町田市森野2-28-14 町田地方合同庁舎	042（724）6881
小笠原総合事務所	小笠原村	100-2101	東京都小笠原村父島字東町152	04998（2）2245

3. 東京都の公共職業安定所

公共職業安定所等の名称	所管区域	(〒)	所在地	電話
飯田橋公共職業安定所	千代田区、中央区、文京区、島しょ	112-8597	文京区後楽19-20	03（3812）8609
上野公共職業安定所	台東区	110-8609	台東区東上野4-1-2	03（3847）8609
港公共職業安定所	港区	108-0022	港区海岸3-9-45	03（3452）8609
五反田公共職業安定所	品川区、目黒区	141-8609	品川区上大崎3-13-26	03（3449）8609
大森公共職業安定所	大田区	143-0016	大田区大森北1-32-1	03（5493）8609
渋谷公共職業安定所	世田谷区、渋谷区	150-0041	渋谷区神南1-3-5	03（3476）8609
新宿公共職業安定所（本庁舎）	新宿区、中野区、杉並区	160-8489	新宿区歌舞伎町2-42-10	03（3200）8609
新宿公共職業安定所（西新宿庁舎）	新宿区、中野区、杉並区	163-1523	新宿区西新宿1-6-1 新宿エルタワービル23階	03（5325）9593
池袋公共職業安定所	豊島区、板橋区、練馬区	170-8409	豊島区東池袋3-5-13	03（3987）8609
王子公共職業安定所	北区	114-0002	北区王子6-1-17	03（5390）8609
足立公共職業安定所	荒川区、足立区	120-8530	足立区千住河原町5-20	03（3870）8609
墨田公共職業安定所	墨田区、葛飾区	130-8609	墨田区東駒形4-22-15	03（3625）8609
木場公共職業安定所	江東区、江戸川区	135-8609	江東区木場2-13-19	03（3643）8609
八王子公共職業安定所	八王子市、日野市	192-0904	八王子市子安町1-13-1	0426（48）8609
立川公共職業安定所	立川市、昭島市、小金井市、小平市、東村山市、国分寺市、国立市、東大和市、武蔵村山市	190-8509	立川市錦町1-9-21	042（525）8609

公共職業安定所等の名称	所管区域	（〒）	所　在　地	電　話
青梅公共職業安定所	青梅市、福生市、あきる野市、羽村市、西多摩郡	198-0042	青梅市東青梅3-12-16	0428（24）8609
三鷹公共職業安定所	三鷹市、武蔵野市、西東京市、清瀬市、東久留米市	181-8517	181-8517 三鷹市下連雀4-15-18	0422（47）8609
町田公共職業安定所	町田市	194-0022	194-0022 町田市森野2-28-14	042（732）8609
府中公共職業安定所	府中市、調布市、狛江市、多摩市、稲城市	183-0045	183-0045 府中市美好町1-3-1	042（336）8609

4. 雇用保険料の事務職員負担分

等級	賃　金　額		被保険者負担一般保険料額
	92,000円未満		賃金額×6/1,000 （1円未満の端数は切り捨てる）
1	92,000円以上	96,000円未満	564円
2	96,000円以上	100,000円未満	588円
3	100,000円以上	104,000円未満	612円
4	104,000円以上	108,000円未満	636円
5	108,000円以上	112,000円未満	660円
6	112,000円以上	116,000円未満	684円
7	116,000円以上	120,000円未満	708円
8	120,000円以上	124,000円未満	732円
9	124,000円以上	128,000円未満	756円
10	128,000円以上	132,000円未満	780円
11	132,000円以上	136,000円未満	804円
12	136,000円以上	140,000円未満	828円
13	140,000円以上	145,000円未満	855円
14	145,000円以上	150,000円未満	885円
15	150,000円以上	155,000円未満	915円
16	155,000円以上	160,000円未満	945円
17	160,000円以上	165,000円未満	975円
18	165,000円以上	170,000円未満	1,005円
19	170,000円以上	175,000円未満	1,035円
20	175,000円以上	180,000円未満	1,065円
21	180,000円以上	186,000円未満	1,098円
22	186,000円以上	192,000円未満	1,134円
23	192,000円以上	198,000円未満	1,170円
24	198,000円以上	204,000円未満	1,206円
25	204,000円以上	210,000円未満	1,242円
26	210,000円以上	216,000円未満	1,278円
27	216,000円以上	223,000円未満	1,317円
28	223,000円以上	230,000円未満	1,359円
29	230,000円以上	238,000円未満	1,404円
30	238,000円以上	246,000円未満	1,452円
31	246,000円以上	255,000円未満	1,503円
32	255,000円以上	264,000円未満	1,557円
33	264,000円以上	274,000円未満	1,614円
34	274,000円以上	284,000円未満	1,674円
35	284,000円以上	295,000円未満	1,737円

等級	賃　金　額		被保険者負担一般保険料額
	92,000円未満		賃金額×6/1,000 （1円未満の端数は切り捨てる）
36	295,000円以上	306,000円未満	1,803円
37	306,000円以上	318,000円未満	1,872円
38	318,000円以上	330,000円未満	1,944円
39	330,000円以上	343,000円未満	2,019円
40	343,000円以上	356,000円未満	2,097円
41	356,000円以上	370,000円未満	2,178円
42	370,000円以上	384,000円未満	2,262円
43	384,000円以上	399,000円未満	2,349円
44	399,000円以上	414,000円未満	2,439円
45	414,000円以上	430,000円未満	2,532円
46	430,000円以上	447,000円未満	2,631円
47	447,000円以上	465,000円未満	2,736円
48	465,000円以上	484,000円未満	2,847円
	484,000円以上		賃金額×6/1,000 （1円未満の端数は切り捨てる）

5. 標準報酬月額
（健康保険）

等　級	標　準　報　酬		報　酬　月　額	
	月　　額	日　　額		
第 1 級	98,000 円	3,270 円		101,000 円未満
第 2 級	104,000 円	3,470 円	101,000 円以上	107,000 円未満
第 3 級	110,000 円	3,670 円	107,000 円以上	114,000 円未満
第 4 級	118,000 円	3,930 円	114,000 円以上	122,000 円未満
第 5 級	126,000 円	4,200 円	122,000 円以上	130,000 円未満
第 6 級	134,000 円	4,470 円	130,000 円以上	138,000 円未満
第 7 級	142,000 円	4,730 円	138,000 円以上	146,000 円未満
第 8 級	150,000 円	5,000 円	146,000 円以上	155,000 円未満
第 9 級	160,000 円	5,330 円	155,000 円以上	165,000 円未満
第10 級	170,000 円	5,670 円	165,000 円以上	175,000 円未満
第11 級	180,000 円	6,000 円	175,000 円以上	185,000 円未満
第12 級	190,000 円	6,330 円	185,000 円以上	195,000 円未満
第13 級	200,000 円	6,670 円	195,000 円以上	210,000 円未満
第14 級	220,000 円	7,330 円	210,000 円以上	230,000 円未満
第15 級	240,000 円	8,000 円	230,000 円以上	250,000 円未満
第16 級	260,000 円	8,670 円	250,000 円以上	270,000 円未満
第17 級	280,000 円	9,330 円	270,000 円以上	290,000 円未満
第18 級	300,000 円	10,000 円	290,000 円以上	310,000 円未満
第19 級	320,000 円	10,670 円	310,000 円以上	330,000 円未満
第20 級	340,000 円	11,330 円	330,000 円以上	350,000 円未満
第21 級	360,000 円	12,000 円	350,000 円以上	370,000 円未満
第22 級	380,000 円	12,670 円	370,000 円以上	395,000 円未満
第23 級	410,000 円	13,670 円	395,000 円以上	425,000 円未満
第24 級	440,000 円	14,670 円	425,000 円以上	455,000 円未満
第25 級	470,000 円	15,670 円	455,000 円以上	485,000 円未満
第26 級	500,000 円	16,670 円	485,000 円以上	515,000 円未満
第27 級	530,000 円	17,670 円	515,000 円以上	545,000 円未満
第28 級	560,000 円	18,670 円	545,000 円以上	575,000 円未満
第29 級	590,000 円	19,670 円	575,000 円以上	605,000 円未満
第30 級	620,000 円	20,670 円	605,000 円以上	635,000 円未満
第31 級	650,000 円	21,670 円	635,000 円以上	665,000 円未満
第32 級	680,000 円	22,670 円	665,000 円以上	695,000 円未満
第33 級	710,000 円	23,670 円	695,000 円以上	730,000 円未満
第34 級	750,000 円	25,000 円	730,000 円以上	770,000 円未満
第35 級	790,000 円	26,330 円	770,000 円以上	810,000 円未満
第36 級	830,000 円	27,670 円	810,000 円以上	855,000 円未満
第37 級	880,000 円	29,330 円	855,000 円以上	905,000 円未満
第38 級	930,000 円	31,000 円	905,000 円以上	955,000 円未満
第39 級	980,000 円	32,670 円	955,000 円以上	

（厚生年金保険）

等　級	標　準　報　酬 月　　　額	報　酬　月　額	
第 1 級	98,000 円		101,000 円未満
第 2 級	104,000 円	101,000 円以上	107,000 円未満
第 3 級	110,000 円	107,000 円以上	114,000 円未満
第 4 級	118,000 円	114,000 円以上	122,000 円未満
第 5 級	126,000 円	122,000 円以上	130,000 円未満
第 6 級	134,000 円	130,000 円以上	138,000 円未満
第 7 級	142,000 円	138,000 円以上	146,000 円未満
第 8 級	150,000 円	146,000 円以上	155,000 円未満
第 9 級	160,000 円	155,000 円以上	165,000 円未満
第10級	170,000 円	165,000 円以上	175,000 円未満
第11級	180,000 円	175,000 円以上	185,000 円未満
第12級	190,000 円	185,000 円以上	195,000 円未満
第13級	200,000 円	195,000 円以上	210,000 円未満
第14級	220,000 円	210,000 円以上	230,000 円未満
第15級	240,000 円	230,000 円以上	250,000 円未満
第16級	260,000 円	250,000 円以上	270,000 円未満
第17級	280,000 円	270,000 円以上	290,000 円未満
第18級	300,000 円	290,000 円以上	310,000 円未満
第19級	320,000 円	310,000 円以上	330,000 円未満
第20級	340,000 円	330,000 円以上	350,000 円未満
第21級	360,000 円	350,000 円以上	370,000 円未満
第22級	380,000 円	370,000 円以上	395,000 円未満
第23級	410,000 円	395,000 円以上	425,000 円未満
第24級	440,000 円	425,000 円以上	455,000 円未満
第25級	470,000 円	455,000 円以上	485,000 円未満
第26級	500,000 円	485,000 円以上	515,000 円未満
第27級	530,000 円	515,000 円以上	545,000 円未満
第28級	560,000 円	545,000 円以上	575,000 円未満
第29級	590,000 円	575,000 円以上	605,000 円未満
第30級	620,000 円	605,000 円以上	

6. 法律事務所の法人化

> 法律事務所を法人化した場合の医療保険及び年金保険の取り扱いについて
> ※東京都弁護士国民健康保険組合「組合報第63号」より引用

　弁護士事務所を法人化するための改正弁護士法が成立し，平成14年4月より施行されることとなりました。このことにより，法人化された法律事務所における医療保険及び年金保険関係の手続きについては，以下のとおりとなります。

1. 法人化された法律事務所の対応
　法律事務所が法人化された場合，その法律事務所は健康保険法第13条2号及び厚生年金保険法第6条2号により，事業所として，健康保険及び厚生年金保険の強制適用事業所となります。法人化された法律事務所の対応の方法については，次の2種類の選択があります。
① 政府管掌の健康保険（以下「健康保険」）及び厚生年金保険（以下「厚生年金」）に加入する。
② 厚生年金に加入し，健康保険の適用除外申請を行い，医療保険については，東京都弁護士国民健康保険組合（以下「弁護士国保」）に加入を継続する。

2. 健康保険及び厚生年金に加入した場合の保険料
　健康保険及び厚生年金に加入した場合の保険料につきましては，所得（標準報酬）に応じて算定されます。以下の具体例を参考にしてください。

> **具 体 例**
> ・弁護士2名（A氏　月給100万円，B氏　月給70万円）それぞれの家族は3名
> 　（A氏B氏ともに弁護士及び家族1名は40歳～64歳の介護保険第2号被保険者，家族2名は未成年）
> ・従業員2名（C氏　月給30万円，D氏　月給20万円）家族なし

法人化され，健康保険及び厚生年金に加入した場合の費用負担額（月額一法人と各個人が折半負担）と弁護士国保及び国民年金に加入の場合の保険料（月額一個人負担）の比較

	政府管掌の健康保険料	厚生年金保険料	東京都弁護士国民健康保険組合保険料	国民年金保険料
A氏	93,982円	107,570円	33,600円	26,600円
B氏	68,089円	107,570円	33,600円	26,600円
C氏	25,500円	52,050円	12,000円	13,300円
D氏	17,000円	34,700円	12,000円	13,300円
合計	204,571円	301,890円	91,200円	79,800円

その他，健康保険・厚生年金については，賞与についても一定の負担（健康保険が標準報酬の1000分の8及び厚生年金保険が1000分の10の料率となり，健康保険は事業主1000分の5，被保険者が1000分の3負担，厚生年金保険は，事業主及び被保険者折半の負担）が必要となります。

3．健康保険と弁護士国保の給付の違い

医療機関に受診された場合の一部負担は，健康保険は2割（家族の外来診療は3割），弁護士国保の場合は3割となっております。

その他，健康保険には，傷病手当金（療養のため仕事を休み，給料を受けられないときの手当金），継続給付（被保険者の資格を失った後，既に診療を受けていた病気・けがについては，初診の日から5年の範囲内で引き続き療養の給付が受けられる）
等の制度があります。

4．引き続き弁護士国保に加入する方法（上記1の②）

上記1のとおり，法人になると厚生年金保険については，強制適用ですが，医療保険については，弁護士国保に引き続き加入することが可能です。

ただし、この場合、社会保険事務所に申し出て、健康保険の適用除外の承認申請が必要となります。（厚生年金加入とセット）

この届け出により、法人化された法律事務所に勤務する方については、厚生年金保険に加入し、健康保険の適用除外承認を受け、弁護士国保に加入を続けることができます。

なお、家族の従業員については、従来は、本組合に弁護士の家族として加入することが可能でしたが、健康保険の適用除外承認を受けるために、従業員組合員として本組合に加入していただくこととなります。この場合、その家族の保険料は家族ではなく、組合員扱いとなります。

5.まとめ

以上が法律事務所が法人化された場合の医療保険及び年金保険の取り扱い変更点であります。

法人化された場合、厚生年金の加入が義務づけられ、個人及び事業所としての社会保険料負担が、従来よりも急激に増加することは否定できませんが、給付については、弁護士国保よりも健康保険、国民年金よりも厚生年金が手厚くなっていることは事実であり、単純に比較することはできません。

どうか、法律事務所を法人化される場合は、以上のことを検討の一項目に加えていただければと存じます。

なお、料率等については、平成13年10月現在で算定しております。

7. 健康保険と国民健康保険の給付内容

健康保険と国民健康保険の保険給付では療養の給付での本人負担分と私傷病・出産時の休業時にその違いがあらわれます。なお，高額療養費では違いはなく，出産一時金・埋葬費では若干の違いがありますが，ここでは省略しました。

	健　康　保　険	国民健康保険
保険者	政府	市町村・特別区 国民健康保険組合
療養の給付	本人2割負担 被扶養者入院2割，外来3割負担	3割負担
私傷病による休業	傷病手当金（標準報酬日額の6割）が給付	なし
出産による休業	出産手当金（標準報酬日額の6割）が給付	なし

8. 厚生年金と国民年金の給付内容

　厚生年金・国民年金の被保険者には障害・遺族・老齢の各年金が給付され，国民年金から給付される年金は基礎年金と呼ばれています。

　厚生年金の被保険者は国民年金の2号被保険者として扱われるため，厚生年金＋基礎年金が給付されます。年金は2階建ての制度になっているといわれるのはこのことを指しています。また，厚生年金独自の給付対象があり，国民年金からは給付されない3級の障害年金，60歳から64歳の老齢年金，子のない妻への遺族年金などが給付されます。

（1）障害年金の給付内容

厚生年金	厚生年金	厚生年金
基礎年金	基礎年金	
1級	2級	3級

　国民年金の被保険者
　　　1・2級の障害の場合に障害基礎年金が給付されます。
　　　3級の障害に対する給付はありません。
　厚生年金の被保険者
　　　1・2級の障害の場合に障害基礎年金＋障害厚生年金が給付されます。
　　　3級の障害の場合は厚生年金のみが給付されます。

（2）遺族年金の給付内容

厚生年金	厚生年金
基礎年金	
子・子のある妻	その他の受給権者

国民年金の被保険者
　遺族が子又は子のある妻である場合に遺族基礎年金が給付されます。
厚生年金の被保険者
　遺族が子又は子のある妻である場合に遺族基礎年金＋遺族厚生年金が給付されます。
　その他の者が遺族の場合（例えば子のない妻）は遺族厚生年金が給付されます。
　夫，孫，父母，祖父母も遺族の範囲ですが年齢等の各種条件があります。
　なお，子とは18歳に達した日以後最初の3月31日を経過する（高校卒業時）までを言います。

（3）老齢年金の給付内容

| 厚生年金 | 厚生年金 |
| | 基礎年金 |
60歳から64歳　65歳以上

生年月日
男性　〜昭和16．4．1
女性　〜昭和21．4．1

| 厚生年金 | 厚生年金 |
| | 基礎年金 |
60歳から64歳　65歳以上

男性　昭和24．4．2〜
　　　　　28．4．1
女性　昭和29．4．2〜
　　　　　33．4．1

| 厚生年金 |
| 基礎年金 |
65歳以上

男性　昭和36．4．1〜
女性　昭和41．4．2〜

国民年金の被保険者
　65歳以降，老齢基礎年金が給付されます。
厚生年金の被保険者
　65歳以降，老齢基礎年金＋老齢厚生年金が給付されます。
　60歳から64歳の特別支給の老齢厚生年金は平成37年度に廃止されるので，それまでの間，生年月日による経過措置が設けられています。

9. 2001年度基本講座

新人研修　　弁護士の仕事と事務職員の役割

1. はじめに
2. 弁護士という職業
    (1) 弁護士の使命（弁護士法第1条）
        基本的人権の擁護
        社会正義の実現
    (2) 弁護士の仕事とは
        依頼者等の依頼により，法律事務を行うこと
    (3) 弁護士の仕事の具体的な内容
        ① 訴訟などの裁判に関与する業務
        ② 裁判外の交渉等に関与する業務
        ③ その他
3. 弁護士の職業倫理
    (1) 弁護士の職業倫理の重要性
    (2) 具体的な職業倫理
        秘密を保持する義務
        公正に業務を行う義務
        その他
4. 事務職員の役割
    (1) 弁護士業務の補助者である
    (2) 事務職員の仕事
        受付
        接客
        会計・金銭管理
        文書の作成
        裁判所・検察庁等との連絡，文書等の提出

　　　　文献の調査

　　　　証拠の収集

　　　　その他

5．事務職員の仕事を行うにあたっての注意点

　　（1）正確性・迅速性

　　（2）弁護士とのコミュニケーション

　　（3）秘密の保持

　　（4）一般常識の獲得

6．特に新人が行いやすいミス

7．最後に

　　明るく働きやすい仕事場にするために

　新人研修では，特に新卒の場合には，社会人としての心構えについて詳しい話が必要です。その上で，法律事務所，弁護士の業務の特殊性，弁護士倫理や守秘義務といった話，さらに事務所特有の活動や顧客層の特色，事務所の理念・目標等にも触れる必要があります。

　東京弁護士会では，事務職員用の身分証明書の制度がありますので，必ず作ってあげた上で，身分を明らかにすることの重要性とともに，弁護士の補助者としてできる様々な業務の重要性も指摘し，法律事務所の事務職員としての自覚や誇りを促すような話も必要でしょう。

　事務所に先輩の事務職員がいればその方に，いなければ知り合いの事務所の信頼のおける事務職員に，先輩の事務職員として体験談や失敗談，事務職員としての働きがい等を話してもらうのも有益です。

| 基礎1 | 基本的な日常業務 |

講座のはじめに　心がまえについて
　　■正確・誠実・責任の３つの「セ」を心がけた業務処理
　　　　正確　早さより正確さを重視しよう。
　　　　誠実　親切・丁寧・公平な態度で接する。
　　　　責任　小さな親切もおろそかにしない。
　　　　　　　ミスは隠さないで弁護士に報告する。
　　■社会常識を養おう
　　　　勝手な判断をしない。
　　　　客観的な「目」をもって，常に前向きに
　　■法律事務所の社会的な役割・性格を認識する
　　　　弁護士倫理と守秘義務について

【日常業務の概要】
　　＊受付・接客
　　＊電話応対
　　＊日程管理
　　＊郵便物・ファクシミリの受発信，管理
　　＊書類作成　ワープロ（パソコン），コピー
　　＊ファイリング

【受付業務】
　１．一般の受付と同じ点・違う点を理解して業務を
　　　事務所に来られる方の立場を理解して，差がつく受付のプロになろう。
　　　問題を抱えているから法律事務所に来ることを心に刻んで
　　　　＊こまやかな気遣いを忘れずに
　　　　＊立ち入ったことを不用意に言わないこと

＊誰に対しても「公平」であること
　弁護士・同僚との連携を密に，安心を与えること
　　＊来客日時の把握
　　＊必要な書面などの作成期限を頭に入れておく。
　　＊離席するときは引き継ぎをきちんと

2．受付の実務
　　事務所の扉が開き，最初に出会う私をイメージする。

（1）服装
　　お客様に不快感を与えない服装を心がける。
　　清潔をモットーに
　　キチンとした印象で，働きやすいこと

（2）職場環境の整備
　　事務所の印象を決める受付の環境
　　季節の花などで明るい印象を
　　整理整頓
　　書面などを見える場所に置かないこと

（3）言葉づかい
　　挨拶の態度
　　① 暖かい印象を大切に丁寧で誠実な態度で
　　② ちゃんと目をみて挨拶しよう
　　③ 笑顔を忘れずに
　　挨拶・接客の言葉づかい
　　　尊敬語・謙譲語・丁寧語を使いこなそう。

【受付ポイントメモ】　来客者の顔と名前を覚えよう。

(4) 案内・取り次ぎ
　　案内
　　　　＊まず，応接室へ先導し「こちらで少々お待ちください」と席を示す。
　　接客
　　　　＊お茶の量はお茶碗の7分目まで
　　　　＊お茶の出し方は左側からが基本。書類，人数などで臨機応変に
　　　　＊お菓子などをいただいた際には，きちんとお礼を言い，弁護士に伝えること
　　見送り
　　　　＊「お疲れさまでした」「ごめんください」と，ひと言添えて見送る。

(5) 金銭の授受
　　領収証の発行
　　　　＊弁護士の指示に基づいて行う。
　　　　＊金額，宛て先等のチェック
　　　　＊領収証の控えは必ず残す。
　　預かり証の発行（注意は領収証に同じ）

(6) 書類・印鑑の授受
　　権利証，公正証書，株券の原本，実印などには預かり証発行
　　重要書類は紛失等に十分気をつけ，保管をきちんとする。
　　委任状，陳述書などは署名，押印，捨て印のチェックを

(7) 受付業務
　　単純に見えても落とし穴
　　事件の相手方が金品を持ってきたら？

弁護士の留守中に依頼者が訪問。法的な判断を求められたら？

3．電話応対
（1）電話の受け方
　　　＊顔が見えなくてもわかってしまう印象
　　　＊メモを取りながら要領よく

　　【メモのポイント】　相手の氏名・電話番号・用件・伝言
　　　　　　　　　　　折り返し？再度電話？
　　　　　　　　　　　5W（いつ・どこで・だれが・なぜ・なにを）
　　　　　　　　　　　1H（どうして）

①電話のベルは3回までで取る
②当方名を名乗る　　「◆◆法律事務所でございます」
③相手の方の名前を聞き，復唱
　　　　　　　「○○様でいらっしゃいますね？」

（2）取り次ぎ
　　a．弁護士がいる場合
　　　「少々お待ちください」と言って取り次ぐ。
　　b．弁護士が来客中の場合
　　　「失礼いたします」と声をかけ弁護士に伝える。
　　c．電話に出られない場合
　　　失礼のないように出られない旨を伝え（「申し訳ございませんが，ただ今打ち合わせ中ですので」等）先方の電話番号を確認し，「折り返しお架けします」あるいは「恐れ入りますが，○分後にお架け直しいただけますでしょうか」と伝える。内容はメモに残す。

（3）弁護士が不在の場合

＊不在の旨・何時に戻るかを先方に伝える。
　　＊急用の場合は出先に連絡する。
　　＊（メモのポイントを参考に）必ず連絡が取れるようにしておく。
　　＊裁判期日の連絡等，確認の必要なものはチェックできるよう記載
　　　に工夫を
　　＊留守中の伝言は電話連絡帳に記載する。

〔裁判所等の電話の注意事項〕
　・裁判所からの電話
　　　〔相手先〕裁判所名　係属部・係　担当書記官名　内線番号
　　　〔内　容〕事件番号　当事者名　問い合わせ内容
　・検察庁からの電話
　　　〔相手先〕地・区検　担当事務官名　内線番号
　　　〔内　容〕被疑者名　問い合わせ内容
　・警察
　　　〔相手先〕警察署名　係　名前　電話番号
　　　〔内　容〕被疑者名　逮捕月日　被疑事実　問い合わせ内容
　・その他関係省庁
　　　　役所名　課・係　担当者名　内線番号　問い合わせ内容

【日程管理】
　　＊予定は１週間分位は最低でも把握しておく。
　　＊裁判所・部，来客者名などの把握

【ファクシミリ】
　　新民事訴訟法施行後に変わったファクシミリの重要性
　　（訴状・控訴状などを除く書面はファクシリミでのやり取りに）

　（１）ファクシミリ送付書を添付して送信する

＊番号を正確に

ファクシミリ番号の間違いは，訴訟進行に影響を与えたり，依頼者の重大なプライバシーの侵害になるので，くれぐれも慎重に。

＊送信確認も忘れずに。

（2）受信の場合

＊全枚数が送信されたか，鮮明かどうかなどをチェックし，問題があれば再度送信してもらう。

＊相手方からの裁判関係書類は受領書に記載し相手方・裁判所に送信する。（よく使う裁判所FAX番号は一覧表を作っておくと便利）

【郵便物】

（1）受信簿をつける

＊特別送達は特に重要

＊配達証明ハガキ

＊受領印（日付入り）を押す。

（2）発信簿をつける

＊発信日・宛て先・内容の記入

＊速達は速やかに

＊書留郵便・配達証明などの控えはまとめて保管する。

（事故の際の配達確認ができる。）

（3）内容証明

内容証明郵便は，訴訟前の督促など，法律事務所では比較的よく使う。

＊1行20字×26字

（13×40，26×20も可。ヨコ書き，タテ書きどちらでも可）

※2文字換算　（（1）→( )＋1　→○＋1　その他，kgも）

＊通数（相手方＋郵便局控＋控）
＊契印（複数枚の場合は押印・契印が必要）
＊切手（内容証明代＋配達証明代）
＊同文の場合（完全同文・不完全同文）
＊内容証明差し出し可能郵便局→特定されている
　※e内容証明（電子内容証明サービス）について

【書面の作成】
（1）ワープロ，パソコンの注意
　＊読み合わせ（又はチェック）を正確に
　＊バックアップを忘れずに

（2）コピーをするときの注意
　＊原本は大切に扱う。
　＊汚損・破損，紛失などに十分気をつける。
　＊原本の原状を変えない。（順番，綴じ方等）
　＊原本のとおりに複写する。
　＊見やすい配慮（濃淡・裏写り，綴じしろ，拡大・縮小）

（3）裁判所に提出する書面の作成
　※今年からＡ４横書き左綴じが原則になりました。
　　訴状，答弁書，準備書面，書証のコピー
　　①正本（裁判所に提出するもの）1通
　　　副本（訴訟の相手方に渡すもの）相手方の数の通数
　　　※相手方に弁護士がついている場合は1通のときも
　　　※訴状等以外はファクシミリで直送できるものも多いので副本コピーが不要の場合もある。
　　　弁護士の控
　　　　→正本＋副本＋控＝コピーの数

②製本・押印
　＊正本・副本に職印を押印する。
　＊従来は割り印をしていたが，現在は頁が打ってあれば押印は不要
　＊以前はＢ５でしたが現在はＡ４左綴じ
　＊綴じしろ部分に 正本・副本 のゴム印を押す。
書証の作成
　a. 必要部数をコピーする。（正・副本・控）
　b. 書証番号を書面の右上に記入する。
　　甲第　号証（原告）・乙第　号証（被告）
　c. 綴じしろ部分に 正本・副本 のゴム印を押す。

【ファイリング】
　民事事件　訴訟進行に従ってファイル
　　　　　　主張と書証，証人尋問調書を整理して
　　　　　　インデックスで見やすく
　　　　　　証拠原本などを汚損・紛失しないファイリング
　刑事事件　基本的には訴訟進行に従って
　　　　　　調書の場合　インデックスで見やすく
　　　　　　　被告人以外の調書　甲号証
　　　　　　　被告人の調書　　　乙号証

【困ったときは】
　＊日常的に弁護士・同僚とのコミニュケーションをはかろう。
　＊事件のことは，裁判所書記官に電話しよう。
　　　お忙しいところ恐縮ですが…
　＊法律書になじもう。

この回では，事務所での日常的な基本業務について説明します。特に電話の受け方や受付業務について最初に少し丁寧な説明が必要と思われます。

　新人研修と合わせて基本的なことは説明した方がよいでしょう。先輩の事務職員から話をしてもらうのもよいでしょう。

　レジュメは少し詳しく書いてありますが，時間がとれなければ基本的な説明のみで，具体的な業務の中で，最初に経験する際に詳しく説明するという方法でもよいかと思います。ただ，東京弁護士会の研修ではベテランの事務職員が講師を担当していますが，挨拶の仕方，お茶の入れ方，お客様を案内する席順，慶弔時の祝儀袋の区別等々，なかなか弁護士では説明しきれない豊富な内容も含まれておりますので，できれば一度は受講していただくのがよいと思われます。

　ビデオ講座初級第2巻もご活用ください。

基礎2　裁判資料の収集・調査

Ⅰ．戸籍・住民登録関係
  1．戸籍謄本
　　（1）戸籍とは
　　　　戸籍法に基づき国民各個人の公的・私的身分関係を時間的に，かつ動的に記録する公文書。通常一組の夫婦と氏を同じくする子ごとに編製され，1つの戸籍は本籍と筆頭者で特定される。

　　（2）どんな場合に使うか
　　　　離婚請求，親子関係確認，遺産分割など身分関係や相続関係の訴訟資料・証明資料，その他に破産申立，登記申請

　　（3）種類
　　　　a．戸籍　　現在の戸籍（現在の戸籍法・同施行規則による戸籍／昭和23年1月1日施行）
　　　　b．除籍　　婚姻，転籍，死亡等によって戸籍に記載された全員が除かれて消除された戸籍。保存期間は除籍の翌年から80年。
　　　　c．改製原戸籍　　様式の変更によって消除された従前の戸籍
　　　　　□昭和32年法務省令第27号：旧法戸籍から現行戸籍への改製
　　　　　□平成6年法務省令第51号附則第2条第1項：コンピュータ化による改製
　　　　d．コンピュータ化された戸籍（平成6年12月1日施行）
　　　　保存期間100年
　　　　戸籍謄（抄）本⇒戸籍の全部（個人）事項証明書
　　　　除籍謄（抄）本⇒除かれた戸籍の全部（個人）事項証明書

（4）取り寄せ方法

　　　日弁連の統一用紙「戸籍謄本　住民票の写し等職務上請求書」で申請する。

　　　申請先：本籍地の市区町村役場（出張所で扱っている場合もある）

　　　手数料：戸籍謄本1通450円

　　　　　　　除籍・改製原戸籍謄本1通750円

（5）職務上請求書の記載方法

2．住民票

（1）住民票とは

　　　住民基本台帳法に基づき市区町村が作成した住民基本台帳の写しを認証したもの。

（2）どんな場合に使うか

　　　訴訟，登記手続等での現住所の特定・証明，住所移転の証明
　　　現住所から本籍地，以前の住所を調べる場合
　　　家族（世帯）構成の調査等

（3）種類

　　　a．住民票　　現在の世帯がわかるもの
　　　b．除票　　　住民票に記載された家族全員の転出，死亡又は職権により住民基本台帳から除かれた住民票。保存期間は5年。
　　　c．改製原住民票　世帯主の変更，記載事項の増加等により住民票が改製された場合の改製前の住民票。保存期間は5年。

（4）取り寄せ方法

　　日弁連の統一用紙「戸籍謄本　住民票の写し等職務上請求書」で申請する。

　　申請先：住所地の市区町村役場（出張所で扱っている場合もある。）

　　手数料：各市区町村によって違う。1通100～400円位（東京23区内は300円）

（5）職務上請求書の記載方法

3．戸籍の附票

（1）戸籍の附票とは

　　住民基本台帳法に基づき市区町村が作成した戸籍と住民票上の住所を結びつけるもの。

（2）どんな場合に使うか

　　住所の変遷の調査。保存期間の経過で住民票の除票がとれない場合でも、本籍が動いていなければ、戸籍の附票によって調査が可能。改製又は除票となった場合の保存期間は5年。

（3）種類

　　戸籍の附票　　現在のもの
　　除附票　　　　戸籍が除かれたことに伴って除かれた附票。保存期間は5年。
　　改製原附票　　様式の変更によって消除された従前の附票。保存期間は5年。

（4）取り寄せ方法

　　日弁連の統一用紙「戸籍謄本　住民票の写し等職務上請求書」で申請する。

申請先：住所地の市区町村役場（出張所で扱っている場合もある）

　　　手数料：各市区町村によって違う。1通100〜400円位（東京23区内は300円）

　（5）職務上請求書の記載方法

4．その他
　（1）不在籍証明/不在住証明
　　　ある地に戸籍/住民登録の存在しないことの証明。手数料必要。

　（2）告知書
　　　火災・戦災等で戸籍簿が滅失し、謄・抄本が交付できないことの証明。手数料不要。

　（3）外国人登録原票記載事項証明書
　　　取り寄せ方法：日弁連の統一用紙「外国人登録原票記載事項証明書職務上請求書」で申請する。
　　　申請先：住所地の市区町村役場（出張所で扱っている場合もある。）

Ⅱ．**不動産登記簿関係**
　1．**不動産登記簿謄本**
　　（1）不動産登記簿とは
　　　　不動産（土地・建物）の物理的状況及び権利関係を公開するために設けられた公の帳簿
　　　　□謄本：登記簿の写しに認証文を付記したもの

　　（2）どんな場合に使うか

不動産に関する事件，不動産が関係している事件，強制執行，財産調査など

(3) 不動産登記簿の構成
 ①表題部 所在・地番・地目・地積/所在・家屋番号・種類・
     構造・床面積
 ②甲　区 所有権に関する登記
 ③乙　区 所有権以外の権利（抵当権，賃借権等）の設定，変
     更，消滅に関する登記
 ④その他 共同人名票・共同担保目録など

(4) 取り寄せ方法
 申請先：管轄の法務局
 手数料：登記印紙で納める。登記簿謄・抄本1通1,000円（10
    枚を超える場合，5枚ごとに＋200円）/閲覧は500円

(5) 申請書の記載方法
 申請人：署名又は記名・押印（誰でも申請人となれる。）
 物　件：土地/所在・地番・所有者
    建物/所在・地番・家屋番号・所有者

(6) 地番・家屋番号の確認方法（地番は住居表示とは異なる。）
 ①権利証
 ②住居表示・地番対照地図
 ③公図と住宅地図
 ④登記簿の閲覧
 ⑤市区町村役場へ問い合わせ
 ⑥その他，共同担保目録/建物図面・地積測量図/評価証明
 ⑦司法書士への調査依頼

(7) 区分所有建物の謄（抄）本
　　　マンション等の集合住宅は1棟の建物でも1部屋ごとに家屋番号が付いている（専有部分の建物の表示）。
　　　敷地権の登記がされている建物には，土地についての登記事項もその専有部分の建物の登記簿に記載されている（別に土地謄本は不要）。

(8) コンピュータ化
　　登記簿謄本⇒登記事項証明書
　　閲覧制度の廃止⇒登記事項要約書

2．閉鎖登記簿謄本・移記閉鎖登記簿謄本
(1) 閉鎖登記簿謄本
　　　土地の合筆や建物の滅失等の理由で閉鎖された謄本。
　　　土地の合筆の経緯や，滅失した建物の状況などがわかる。
　　　保存期間：土地50年/建物30年
　　　（昭和63年7月1日から延長。それまでは土地・建物とも20年）

(2) 移記閉鎖登記簿謄本
　　　記載事項が多くなりすぎた場合や，コンピュータ化等の理由で新しい登記簿に移記され閉鎖された登記簿の謄本。
　　　移記前の状況や権利関係がわかる。

3．旧土地台帳
　土地台帳法（昭和35年廃止）に基づき作成された台帳。登記簿を遡っていくと取ることが可能なものもある。
　古い所有関係を知ることができる。交付手数料は無料。

4．公図・17条地図
　（1）公図
　　　　旧土地台帳附属地図を引き継いで作成されたもので，一定範囲の土地につき，地番ごとにそれぞれの土地がどのように区分されているかを記載した図面。土地の形状や位置関係の概要がわかる。
　　　　閲覧の上，コピーを取ることができるし写しの交付も可。郵送での取り寄せもできる。
　　　　閲覧も写しの交付も1枚500円。

　（2）17条地図
　　　　不動産登記法第17条に基づく原則縮尺500分の1の地図。登記簿の表題部の地図番号欄から番号がわかる。閲覧，郵送での取り寄せや，認証文を受けることも可能だが，まだごく僅かしか備えられていない。

5．地積測量図・建物図面
　土地又は建物の表示登記の申請書に添付された図面で，土地又は建物の面積，形状等がわかる。
　閲覧し，コピーを取ることができるし写しの交付も可，郵便での取り寄せもできる。

6．共同担保目録
　複数の不動産に共同担保を設定した場合に備え付けられる目録。
　共同担保に供されているすべての不動産がわかる。財産調査に役立つ。

7．登記申請書・添付書面の謄写
　利害関係のある者は，登記申請書及びその添付書面（登記申請委任状等）閲覧することができる（保存期間は権利10年・表示5年）。
　原因証書の有無，委任状の署名の筆跡・印影，代理人としての司法書

士の氏名等がわかる。コピーは不可。

Ⅲ. 法人登記簿関係
1. 商業(会社)登記簿謄本
（1）商業登記簿とは

各種会社（株式会社・有限会社・合名会社・合資会社）の商号，本店・支店の所在地，目的，資本金，代表者・役員などについての登記簿。

（2）どんな場合に使うか

会社の調査，会社代表者の資格を証する書面としてなど。

（3）取り寄せ方法

基本的には不動産と同様だが，管轄が異なることがあるので注意。

（4）コンピュータ化

履歴事項全部（一部）証明書・現在事項全部（一部）証明書
申請書に会社番号の記載。

2. その他の法人登記簿謄本

社団法人・学校法人・宗教法人・医療法人・信用金庫・信用組合・農業協同組合・労働組合等に関するもの。

3. 閉鎖登記簿謄本・閉鎖役員欄抄本

本店の移転，役員の変更等により閉鎖された登記簿，登記用紙の謄・抄本。

会社の履歴や，過去の役員構成などを知ることができる。保存期間は20年。

4. 資格証明書（代表者事項証明書）

会社代表者の証明（代表者の住所・氏名が記載されている。）

5．登記申請書・添付書面の謄写

基本的には不動産と同様。保存期間は5年。

6．類似商号調査・「該当なし」の記載

法務局で索引表又は商号見出し表で商号と目的の閲覧ができる（無料）。

Ⅳ．不動産価格の調査

1．公示価格

国土庁が毎年公表する1月1日時点の土地価格。国や自治体の用地取得や，国土利用計画法に基づく土地取引価格の判断基準となる。

2．路線価

国税庁が毎年公表する，主要な道路に面した，市街地的形態を形成する地域にある宅地の価格を評価する方式。相続税及び贈与税の算定基準になる。

路線価がない地域については，その土地の固定資産税評価額に一定の割合を乗じて評価する倍率方式によって，相続税及び贈与税の算定基準とする。

3．基準地価

都道府県が毎年公表する7月1日時点での土地価格。公示価格が都市計画区域内を対象としているのに対し，基準地価は，都市計画区域外の土地も調査している。

4．固定資産税評価額

（1）固定資産税評価証明書とは

固定資産税等の算定の基準となる不動産評価額の証明書。

（2）どんな場合に使うか

　　不動産訴訟の訴訟物の価額の算定，不動産仮差押・仮処分などで保証金を決定する場合の参考資料として，不動産登記の登録免許税の算出のため，不動産取引の取引価格の参考としてなど。

（3）取り寄せ方法

　　日弁連の統一様式による申請書用紙で申請する。
　　申請先：市町村役場の固定資産税課。東京23区内は都税事務所。
　　手数料：都税事務所は1件400円。他は取扱いに差がある。

Ⅴ. 自動車登録事項等証明書

（1）自動車登録事項等証明書とは

　　登録自動車の車検証に記載された登録事項について証明した書類。
　　現在証明書（現状に関する記録）・詳細証明書（自動車の履歴）

（2）どんな場合に使うか

　　自動車の所有者，使用者を確認したい場合（交通事故，財産として差押等）

（3）取り寄せ方法

　　申請人：誰でも申請できる。
　　申請先：陸運事務所（全国どこからでも全登録自動車についてとることができる）。
　　申請書：OCRシート・手数料納付書
　　手数料：現在証明1枚につき300円・詳細証明1枚1,000円
　　　　　（2枚目以降300円）　自動車検査登録印紙で納付。

VI. 弁護士会照会（照会請求）

（1）照会請求とは［弁護士法第23条の2］

弁護士は，訴訟事件その他法律事件を処理するに際し，必要とする訴訟資料等の取り寄せを公務所又は公私の団体に対して所属弁護士会を通じて行うことができる。

（2）手続き

各弁護士会所定の用紙を使用（A4）

受任事件・依頼者・照会先・照会事項・照会を求める理由等を明らかにして，弁護士会に申請

手数料：1件7,930円

照会先：官公署・検察庁・銀行・貯金事務センター・証券会社・生命保険協会・病院など

　　基礎講座でも内容的には範囲も広く詳しいので，実際にはこの内容のすべてを一度の講義で理解してもらうのは難しいのが実状です。東京弁護士会の研修では，資料の取り寄せと調査全般についての講義はこの1回のみなので，のちのち必要になることも含め，レジュメは少し詳しい内容としてあります。むしろ説明は基本的なことに絞り，とりあえず頻度の高い，戸籍・住民票，不動産・商業登記簿謄本，評価証明書等について，正しい請求場所に正しく請求できるようにすることをまず目指したいと思います。それ以外のことについては概略のみにとどめ，実際の業務の中で必要になったときに説明した方がよいかもしれません。

　　東京弁護士会の研修ではベテランの事務職員が講師を担当しています。

　　ビデオ講座中級第2巻もご利用ください。

10. 就業規則

第1節　　総　　則

第1条　この規則は○○法律事務所の事務員について，労働基準法第89条第1項に規定のある事項について定める。

第2条　この規則において事務員とは，労働契約を結び法律事務所の業務に従う者で弁護士以外の者をいう。
　②下記の者については個別契約によるものとし，本規則は適用しない。
　　1．日々雇用する者
　　2．2か月以内の期間を定めて雇用した者

第2節　　採　　用

第3条　（採用）
　　事務所は就職を希望する者から履歴書の提出を求め，選考試験等により事務員として採用する。ただし，2か月の試用期間を置くことができる。

第4条　新たに雇用された者は，身元保証書を提出しなければならない。

第5条　前2条提出書類の記載事項に異動があったときは，その都度速やかに届け出，緊急の場合に連絡がとれるようにしなければならない。

第3節　　　服務規律

第6条　事務員は次の項目を遵守し、服務に精勤しなければならない。
　　　1．担当の職務又は命令・指示された事項を、期限までに適正に責任をもって遂行すること。
　　　2．依頼者及び事務所の秘密を厳重に守り、不利益となる事項その他を他に洩らさないこと。
　　　3．自己の職務上の権限を越えて、法律相談等をしないこと、専断的なことを行わないこと。
　　　4．記録・図書・様式書・備品・器具等の整理・保管に努め、書類等はていねいに取り扱うこと。
　　　5．職場の整理整頓に努め、清潔を保つようにすること。
　　　6．消耗品の節約に努め、消灯等省エネルギーを計ること。
　　　7．みだりに事務所を離れ、怠慢な行為をしないこと。
　　　8．常に品位を保つこと。事務所の名誉を落としたり信用を傷つけるようなことをしないこと。
　　　9．伝言等は忠実に伝え、訪問者とはていねいに感じよく接すること。

第7条　就業時間は1日につき8時間とし、労働時間と休憩時間を次のとおりとする。

労働時間	7時間
休憩時間	60分

第8条　就業時間は次のとおりとする。

始業	終業	休憩時間
9時30分	17時30分	12時〜13時

第9条　休日は次のとおりとする。
　　　1．日曜日

2．土曜日

3．国民の祝日

4．自12月29日至1月3日

第10条 出張その他事務所の用務を帯びて事務所外で勤務する場合で，勤務時間を算定しがたいときは，第8条の時間を勤務したものとみなす。

第11条 事務員は出勤及び退勤の際は，その事項を記録しなければならない。
②所用で出勤が遅くなったときは，出勤事項欄の横に簡潔に事由（例えば，郵便局寄り，執行寄）を記入すること。

第12条 欠勤するときは事前に予め予定がわかっている場合は1週間前に必ず届け出なければならない。事前届出がなかった者は至急，電話連絡しなければならない。
②遅刻しそうなときも電話連絡をしなければならない。遅刻したときは所定の手続をとること。
③私傷病その他やむをえない私用により早退しようとするときは，事前に許可を受けなければならない。但し，やむを得ない事情のあるときは，事後の報告によって前記許可に代えることができる。

第13条 次の事由により，欠勤，遅刻又は早退したときは，精皆勤手当・年次有給休暇日の算定については欠勤等の扱いをしない。

1．選挙権その他の公民権を行使するとき。

2．伝染病予防のため，就業を禁止されたとき。

3．天災地変，交通遮断その他これに準ずる災害により，やむを得ないと認めたとき。

4．その他前各号に準ずるとき。

第4節　　休　　暇

第14条（年次有給休暇）

　　勤続6ヶ月以上の事務員はその勤務年数に応じ，以後1年を単位として10日間に勤務年数満1年につき2日を加算した日数の有給休暇を取得することができる。但し，20日を限度とする。有給休暇は翌年に限り繰り越すことができる。

第15条（夏休み）

　　4月1日から7月20日までの全就業日のうち9割以上を出勤した者は7月21日から8月30日までの間に5日の休暇を取得することができる。

第16条（特別休暇）

　　次の各号の1に該当するときは，次の日数を限度として特別休暇を取得することができる。但し，次の日数は休暇事由発生の日を含む連続の日数とし，その間に休日がある場合はこれを含むものとする。

　　1．本人が結婚するとき　　5日
　　2．父母，配偶者又は子が死亡したとき
　　　（ア）本人が喪主のとき　　3日
　　　（イ）本人が喪主でないとき　　2日
　　3．祖父母，兄弟姉妹，配偶者の父母，子の配偶者又は孫が死亡したとき　　2日

第17条（産前産後休暇）

　　出産のときは，産前においては希望により6週間以内において休暇を取得することができ，産後は8週間の休暇を与える。但し，医師の許可あるときは産後5週間を超えた日から出勤することができる。

② （生理休暇）

　　生理日の就業が著しく困難の女子に対しては，その者の請求により生理休暇を与える。

第18条　第14条から前条までの休暇を取得しようとする者は遅くとも下記の期限までに届出なければならない。
　　1．年次有給休暇（第14条）　　　前日の正午
　　2．夏休み（第15条）　　　　　　1週間前
　　3．特別休暇（第16条）　　　　　結婚するときのみ1週間前
　　4．産前休暇　（第17条第1項）　　3日前
　　5．生理休暇　（同第2項）　　　　直前又は直後

　　　　　　　　　　第5節　　　給　　与

第19条（給与の構成）
　　給与の構成は次のとおりとする。
　　　1．基本給
　　　　（ア）年齢給　　（イ）職務給
　　　2．手当
　　　　（ア）資格手当　　（イ）時間外勤務手当　　（ウ）通勤手当

第20条　給与は当月1日より末日までの分を当月25日に通貨で全額を直接本人に支給する。但し，その日が休日のときは，その前日に支給する。

第21条（控除）
　　前条の規定にかかわらず，次の各号に掲げるものは控除する。
　　1．所得税（地方税を除く）
　　2．労災保険料，雇用保険料，健康保険料，厚生年金料

第22条　月額で定める給与の22分の1を日額とし，日額の7分の1をもって時間額とし，時間額の60分の1をもって分額とする。

第23条　基本給は月給制とする。
　　　②欠勤，休暇取得があったときは第20条の基本給を欠勤日数に応じて減額して支給する。但し，第15条，第16条，第17条の休暇の取得については有給とし，減額しない。
　　　③前項の場合において，欠勤が傷病によるもので健康保険傷病手当金を給付されるときはその給付額を減じるものとする。但し，給与と傷病手当金とに差があるときは前項本文による金額との差額を支給する。

第24条　第7条第1項に定める就業時間後に勤務（以下「残業」という）した場合は，勤務した時間について時間外勤務手当を支給する。
　　　②前項の手当は，1時間につき，次の金額に，1.25を乗じた額とする。

$$\frac{基本給}{22 \times 7}$$

　　　③第7条の始業時間より早く出勤を命ぜられて勤務した場合は第1項と同様に取り扱う。

第25条　（通勤手当）
　　　　電車，新幹線，バス，モノレール等の交通機関を利用して通勤する者には，事務所が認める最短順路により計算した定期代実費を支給する。
　　　②前項の支給最高額は非課税限度額とする。

第26条　昇給は年1回，原則として4月に行う。但し，次に掲げる者を除く。

1．10月1日以後に採用された者
　　　2．昇給算定期間における次条の算定期間内の就業日数の3分の1以上就業しなかった者
　　　3．昇給時において休職中の者
　②特に勤務成績，勤務態度，職務能力の優秀な者については，前項以外の時期に職務給による昇給をさせることがある。事務所の収入の悪化等が著しい場合は，前項の昇給を延期することがある。

第27条　昇給の算定期間は，4月1日から翌年3月31日までとする。

第28条　賞与は当事務所の経営業績が良好な場合に，事務員の勤続実績，勤務態度及び同業ないし他業（公務員を含む）の賞与の動向等を考慮して，金額を決定して支給する。

第29条　賞与は年2回，夏期及び年末に支給する。但し，次に掲げる者を除く。
　　　1．賞与算定期間における就業日数の3分の1以上就業しなかった者
　　　2．賞与算定期間において出勤停止以上の懲戒処分を受けた者
　　　3．夏期賞与について6月1日，年末賞与について12月1日にそれぞれ在籍しなかった者

第30条　賞与の算定期間は，夏期賞与については当年の1月1日から当年6月30日まで，年末賞与については7月1日から12月31日までとする。

第31条　欠勤，遅刻，早退及び私用外出したときは，基本給について，次の区分により減額する。
　　　1．基本給について

（1）欠勤したとき　基本給日額（第22条で算出）を欠勤日数に乗じて減額
　　（2）遅刻，早退，私用外出したとき　10分単位で計算し，10分未満は算定しない。
　2．手当について
　　　1か月のうち13就業日以上欠勤したときは，手当の5割を減額する。

第32条　給与計算期間の中途で入所，退職又は復職したときは，基本給及び手当について日割計算（第22条）により就業日数分を支給する。

第33条　第36条により休職したときは，最初の3ヶ月は基本給の4割を支給し，以後の期間については，基本給の2割を支給する。

第34条　次の各号の1に該当するときは，慶弔給付金を支給する。
　1．本人が結婚するとき
　2．葬祭（香典等の名称によることもある）
　　（ア）父母，配偶者，子が死亡したとき
　　（イ）本人の兄弟姉妹，祖父母，配偶者の父母が死亡したとき

第35条（退職金）
　　　3年以上勤務した者には，基本給の1か月分に勤続年数を乗じた金額の退職金を支給する。但し，懲戒解雇となったときは，この限りではない。
　②退職金は，勤続年数の端数につき1月未満の日数を切り捨てて月単位で計算し，かつ100円以下を四捨五入するものとする。

第6節　　休職・退職及び解雇

第36条　傷病等のやむを得ない事由が生じたときは，3ヶ月休職することができる。休職は3ヶ月単位で5回まで更新することができる。
②休職の申出及び更新の申出には診断書等やむを得ない事由を証する文書を添付しなければならない。

第37条　定年は満60歳に達した日をもって退職とする。

第38条（退職）
　　次の各号の1に該当するに至ったときは，その日を退職の日とし，従業員（事務員）としての身分を失う。
1．退職願を提出して事務所が承認したとき。但し，1か月前に提出することを原則とする。
2．死亡したとき
3．定年に達したとき
4．期間を定めて雇用した者の雇用期間が満了したとき
5．休職期間が満了し，復職できないとき

第39条　次の各号に該当するときは，解雇することがある。
1．精神又は身体の障害により業務に耐えられないとき
2．第6条（服務規律）に違反したとき
3．その他事務所の都合によりやむを得ない事由があるとき

第40条　前条により解雇する場合は，30日前に本人に予告し，又は平均賃金の30日分に相当する予告手当を支給して行う。この場合において予告の日数は，平均賃金を支払った日数だけ短縮することがある。

第41条　業務上の傷病により休業する期間及びその後30日間並びに産前

産後の女子が休業する期間及びその後30日間は解雇しない。但し、業務上の傷病により療養開始後3年を経過しても傷病がなおらない場合で打切補償を支払ったときは、この限りでない。

第42条　第6条の服務規律に反したときは、その情状により次の制裁を行うことがある。
　　1．訓戒　始末書をとり将来を戒しめる。
　　2．減給
　　3．出勤停止
　　4．懲戒解雇　予告期間を設けることなく即時解雇する。

第7節　　健診及び災害保障

第43条　事務員は毎年1回以上健康診断を行う。費用は事務所の負担とする。

第44条　業務上負傷し、又は疾病にかかり、あるいは死亡したとき、損害の補償を行う。但し、労災補償給付を受け又は受けるときは、その給付を受けた限度又は受ける限度において補償しないものとする。

第8節　　改正手続

第45条　本規則の改正については、事務員の過半数を代表する者の意見をきかなければならない。
　②改正された条項は、遅滞なく、事務員に周知させなければならない。

編 集 後 記

本書は，その出発点としては，1998年3月に東京弁護士会弁護士業務改革委員会として発刊した「事務職員雇用の手引」という小冊子の内容をベースとしています。当初の構想では，同冊子の発刊後ある程度の年数が経過し，その間少なからぬ労働関係法令の改正があったこともあり，弁護士業界全体の就労環境改善を図るということが主眼に置かれていました。

しかし，編集作業を進める中で，本書はそれに留まらないより積極的な役割を果たせないのか，と考えるようになりました。それは，弁護士と法律事務所全体の業務運営の合理化・効率化という前提を抜きにして，業界全体としての就労環境改善ということも有り得ないと考えられるからです。

そこで，本書の内容につき2つの柱を設けました。それは事務職員の能力向上と労働条件改善であり，これらは表裏一体であるというのが本書のコンセプトです。本書の編集作業には，弁護士の他，現職のベテラン事務職員の方々多数に参加していただきました。その観点から，弁護士と事務職員それぞれの視点から互いに忌憚のない意見を出し合って煮詰めたのが本書です。

編集者一同としては，本書が今後新たに事務職員を雇用される先生，特に，新たに独立してこれから事務所を開設する先生方に利用していただき，その御活躍の一助になれれば幸いに存じます。

〈宮城〉

執筆・編集担当者

宮城　朗

原口紘一

小部正治

高橋裕次郎

鈴木寿夫

田辺作次

山本善久

大野　晃

弁護士業務レベルアップのための
法律事務職員雇用・活用マニュアル
2002年2月1日　　初版発行

編　著――東京弁護士会弁護士業務改革委員会
発行者――星沢哲也

発行所
東京法令出版株式会社

112-0002	東京都文京区小石川5丁目17番3号	☎03 (5803)	3304
534-0024	大阪市都島区東野田町1丁目17番12号	☎06 (6355)	5226
060-0009	札幌市中央区北九条西18丁目36番83号	☎011 (640)	5182
980-0012	仙台市青葉区錦町1丁目1番10号	☎022 (216)	5871
462-0053	名古屋市北区光音寺町野5 1918番地	☎052 (914)	2251
730-0813	広島市中区住吉町10番2号	☎082 (241)	2966
760-0038	高松市井口町8番地8	☎087 (826)	0896
810-0011	福岡市中央区高砂2丁目13番22号	☎092 (533)	1588
380-8688	長野市南千歳町1005番地		

〔営業〕TEL 026(224)5411　FAX 026(224)5419
〔編集〕TEL 026(224)5412　FAX 026(224)5439
http://www.tokyo-horei.co.jp/

©Printed in Japan, 2002
　本書の全部又は一部の複写、複製、点訳載及び磁気又は光記録媒体への入力等は、著作権法上での例外を除き禁じられています。これらの許諾については、当社までご照会ください。
　乱丁本・落丁本はお取り替えいたします。